MANZSCHE KURZKOMMENTARE

Buchpreisbindung in Österreich

Buchpreisbindung in Österreich

Praxiskommentar zum BPrBG

von

Dr. Bernhard Tonninger
Rechtsanwalt, Wien

3. Auflage

Wien 2023
MANZ'sche Verlags- und Universitätsbuchhandlung

Zitiervorschlag: *Tonninger*, BPrBG³ (2023) § . . . Rz . . .

ISBN 978-3-214-25207-6

Telefon: (01) 531 61-0
E-Mail: verlag@manz.at
www.manz.at
Bildnachweis: © Thomas Schauer
Druck: FINIDR, s.r.o., Český Těšín

Geleitwort

Buchpreisbindung „in Stein gemeißelt"

In der Nationalratssitzung vom 18. November 2022 wurde das aktualisierte Buchpreisbindungsgesetz 2023 von allen Fraktionen einstimmig beschlossen.

Wie vom Fachverband der Buch- und Medienwirtschaft angeregt, wurde dabei auch die jahrzehntelang gepflegte Branchenübung, dass die Buchpreise sogleich als Bruttopreise festgelegt werden, im Gesetz verankert.

Auch die zahlreichen und durchwegs positiven Wortmeldungen der Kultursprecher sowohl im Nationalrat als auch im Bundesrat und das reibungslose Notifizierungsverfahren dokumentieren, wie gefestigt und unanfechtbar die österreichische Buchpreisbindung ist. Dies schafft Rechtssicherheit für den Buchhandel und die Verlage wie auch für alle Konsumentinnen und Konsumenten.

Meine jahrzehntelange Funktionärstätigkeit für die Buchbranche war immer darauf ausgerichtet, dass wir als Branche sowohl im Vertrieb als auch in der Produktion Bedingungen vorfinden, die eine Vielfalt an Bucherscheinungen ermöglichen und das Buch als Kulturgut fördern. Im großen deutschen Sprachraum ist dabei auch der Österreichaspekt wichtig. Unsere meist mittelständischen und kleineren Verlage stehen im Wettbewerb mit mächtigen deutschen Verlagshäusern. Die Buchpreisbindung ist einer der ganz wichtigen Ecksteine dafür, dass unsere rotweißroten Regional- und Nischenprodukte reüssieren können und der Buchhandel mit großen Handelsketten mithalten kann.

Die gute Entwicklung ist aber kein Zufall. Seit über 20 Jahren beschäftigen wir uns intensiv mit dieser Materie.

Es wurde unser Preisbindungsanwalt Dr. *Bernhard Tonninger* mit großer Generalvollmacht versehen, sodass alle Marktteilnehmer wissen, dass es für niemanden Freibriefe und Privilegien gibt. Er hat tausende Anfragen beantwortet, hunderte Abmahnungen verfasst und zahlreiche Gerichtsverfahren im Namen der Branche durchgefochten. Somit war er dafür geradezu prädestiniert, wesentliche Impulse für das BPrBG 2023 zu geben und mit seiner Expertise den gesamten Entstehungsprozess des Gesetzes maßgeblich zu betreuen. Mit Fug und Recht darf ich jetzt schon behaupten, dass unter seinen Argusaugen die Einhaltung dieses Gesetzes, wie kaum ein anderes, überwacht wird, indem er Meldungen von Branchenteilnehmern nachgeht. Seine Tätigkeit hat schon in den letzten Jahren dazu geführt, dass die Rechtsverstöße spürbar zurückgegangen sind.

Danken darf ich auch dem Buchpreisbindungsbeirat, dessen besonnene Mitglieder Mag. *Andreas Besold, Veit Schmidt,* KR *Georg Glöckler,* KR *Friedrich Neuniger* und *Tobias Spazierer* sich schon frühzeitig gemeinsam mit Dr. *Bernhard Tonninger* und dem hartnäckigen Fachverbandsgeschäftsführer Mag. *Karl Herzberger* für diese Entwicklungen stark gemacht haben.

Glück auf, ihr rotweißroten Bücher!

Murau, im April 2023 — Komm.-Rat *Friedrich Hinterschweiger*

Obmann des Fachverbandes der
Buch- und Medienwirtschaft

Vorwort

Mit dem einstimmig beschlossenen Buchpreisbindungsgesetz 2023 (BPrBG 2023) ist ein neues Kapitel in der über 130-jährigen Geschichte der Buchpreisbindung in Österreich aufgeschlagen worden, die mit einem Beschluss des Vereins der österreichisch-ungarischen Buchhändler im März 1889 begonnen hat.

Durch das BPrBG 2023 ist das „BPrBG alt" aus dem Jahr 2000 außer Kraft getreten, wodurch die Notwendigkeit einer komplett überarbeiteten neuen Auflage des Praxiskommentars „Buchpreisbindung in Österreich" evident war, der bisher bei LexisNexis erschienen ist, und sich nunmehr in der dritten Auflage als Kurzkommentar bei Manz auch äußerlich in neuem Gewand präsentiert.

Dem BPrBG 2023 ist eine eigene Zielbestimmung vorangestellt. Damit geht nunmehr auch aus dem Gesetz hervor, dass der Schutz von Büchern als Kulturgut untrennbar mit der Sicherstellung einer großen Vielfalt im Buchvertrieb verknüpft ist. Möglich war dies auch durch den empirischen Nachweis, dass in Orten mit stationärem Buchhandel sowohl mehr Bücher gekauft als auch mehr Bücher gelesen werden.

Für die Rechtssicherheit ist besonders bedeutend, dass das komplette BPrBG 2023 notifiziert worden ist. Dabei ist bemerkenswert, dass die Europäische Kommission im Zuge des Notifikationsverfahrens weder eine ausführliche Stellungnahme abgegeben noch Bemerkungen gemacht hat. Dies dokumentiert, dass selbst die zu Preisbindungsgesetzen lange Zeit kritisch eingestellte Europäische Kommission davon ausgeht, dass die Regelungen des BPrBG 2023 unionsrechtskonform sind.

Die Grundlage für die Einbeziehung aller grenzüberschreitenden Vertriebswege in die Buchpreisbindung wurde insbesondere auch durch die wegweisende Entscheidung *Fachverband der Buch- und Medienwirtschaft* des EuGH aus dem Jahr 2009 gelegt, wonach feststeht, dass der Schutz des Kulturguts Buch Einschnitte in den freien Warenverkehr rechtfertigen kann, was das Fundament für die Buchpreisbindungssysteme in Europa ganz erheblich gestärkt hat. Dass dies gerade für kleine Märkte wie Österreich, wo über zwei Drittel der verkauften Bücher importiert werden, von besonderer Bedeutung ist, ist evident.

Da das BPrBG 2023 vielfach auch von Verlegern, Importeuren und Buchhändlern angewandt werden muss, habe ich in diesem Kommentar abermals versucht, dass dieser auch Nichtjuristen mit seinem umfassenden Stichwortverzeichnis Zugang zum Gesetz bietet und als Nachschlagewerk dienen kann.

Vorbild für dieses Buch war, wie schon für die Vorauflagen, der beeindruckende deutsche Kommentar „Buchpreisbindungsgesetz" von *Wallenfels/Russ,* der sich aus der Preisbindungsfibel entwickelt hat und mittlerweile schon in der 7. Auflage erschienen ist. Auch wenn in diesem Buch vielfach auf *Wallenfels/Russ* und die deutsche Rechtslage Bezug genommen wird, sollen diese Ausführungen selbstverständlich nicht das Werk von *Wallenfels/Russ* bei der Klärung von Rechtsfragen nach deutschem Recht ersetzen.

Erinnern darf ich in diesem Zusammenhang nochmals an den im letzten Jahr verstorbenen, ehemaligen Obmann des Fachverbands der Buch- und Medienwirtschaft, Komm.-Rat Prof. *Michael Kernstock,* der mir die entscheidende Anregung für die erste Auflage dieses Buchs gegeben und mich bei der Umsetzung besonders unterstützt und motiviert hat.

Überzeugend fortgesetzt wird die wichtige Schwerpunktsetzung auf die Buchpreisbindung schon seit Jahren von Komm.-Rat *Friedrich Hinterschweiger,* der mir beispielsweise den Buchpreisbindungsbeirat als wichtiges Beratungsgremium der Branche zur Seite gestellt und die Einholung der empirischen Studie der Universität Innsbruck sehr unterstützt hat.

Über all die Jahre wie auch beim teilweise mühevollen Weg zum BPrBG 2023 habe ich vom Geschäftsführer des Fachverbands der Buch- und Medienwirtschaft, Mag. *Karl Herzberger,* besondere Unterstützung erfahren, für die ich mich in aller Form bedanken möchte.

Mein ganz besonderer Dank gilt meinem langjährigen Partner in unserer Kanzlei und Freund Mag. Dr. *Markus Albrecht* für seine überaus wertvolle Unterstützung bei der Erstellung dieser Neuauflage und auch dafür, dass er mit mir auch sonst seit Jahren die Agenden der Buchpreisbindung in unserer Kanzlei betreut.

Dass ich mit der Neuauflage des Werks zu Manz gewechselt bin, ist insbesondere dem Verlagsleiter Prok. Mag. *Heinz Korntner* zu verdanken, der mir unmittelbar das große Interesse von Manz an diesem Projekt versichert und dafür gesorgt hat, dass ich durch Mag. *Markus Schrom* und meine Lektorin MMag. *Ursula Schrammel* sehr gute Unterstützung dafür erhalten habe, dass das Buch auch im Rekordtempo umgesetzt werden konnte.

Wien, im April 2023 *Bernhard Tonninger*

Dr. Bernhard Tonninger
Tonninger Schermaier & Partner Rechtsanwälte
Rilkeplatz 8
A-1040 Wien
T: +43 1 218 44 40
W: www.ts.at
E: tonninger@ts.at

Inhaltsverzeichnis

Gesetzestext

Bundesgesetz über die Preisbindung bei Büchern (Buchpreisbindungsgesetz 2023 – BPrBG 2023)

Kommentarteil

Bundesgesetz über die Preisbindung bei Büchern (Buchpreisbindungsgesetz 2023 – BPrBG 2023)

Anhang

Gesetz über die Preisbindung für Bücher

Buchpreisbindungsgesetz (Deutschland)

Abkürzungsverzeichnis

ABl C	=	Amtsblatt der Europäischen Union, Reihe C: Mitteilungen und Bekanntmachungen
ABl L	=	Amtsblatt der Europäischen Union, Reihe L: Rechtsvorschriften
Abs	=	Absatz
AEUV	=	Vertrag über die Arbeitsweise der Europäischen Union
aF	=	alte Fassung
Art	=	Artikel
BBG	=	Bundesbeschaffungs GmbH
BGBl	=	Bundesgesetzblatt
BGH	=	(deutscher) Bundesgerichtshof
BM	=	Bundesminister/in
BPrBG 2023	=	Bundesgesetz über die Preisbindung bei Büchern BGBl I 2022/196
BPrBG alt	=	Bundesgesetz über die Preisbindung bei Büchern BGBl I 2000/45
BT-Drucks	=	Bundestagsdrucksache (deutsch)
dBuchPrG	=	deutsches Buchpreisbindungsgesetz
bzw	=	beziehungsweise
E	=	Entscheidung
ecolex	=	Fachzeitschrift für Wirtschaftsrecht
EG	=	Europäische Gemeinschaft
EGV	=	Vertrag zur Gründung der Europäischen Gemeinschaften
ErläutRV	=	Erläuternde Bemerkungen zur Regierungsvorlage
ErwGr	=	Erwägungsgrund
etc	=	et cetera
EU	=	Europäische Union
EuGH	=	Europäischer Gerichtshof
EuR	=	Schriften zum Europäischen Recht
EWG	=	Europäische Wirtschaftsgemeinschaft
EWR	=	Europäischer Wirtschaftsraum
f	=	und der, die folgende
FS	=	Festschrift

gem	=	gemäß
GP	=	Gesetzgebungsperiode
GRUR	=	Gewerblicher Rechtsschutz und Urheberrecht
IA	=	Initiativantrag
insb	=	insbesondere
ISBN	=	Internationale Standardbuchnummer
iSd	=	im Sinn des, – der
iVm	=	in Verbindung mit
iZm	=	im Zusammenhang mit
KartG 2005	=	Bundesgesetz gegen Kartelle und andere Wettbewerbsbeschränkungen BGBl I 2005/61
KSchG	=	Bundesgesetz, mit dem Bestimmungen zum Schutz der Verbraucher getroffen werden (Konsumentenschutzgesetz) BGBl 1979/140
lit	=	litera (Buchstabe)
mE	=	meines Erachtens
MR	=	Medien und Recht
nF	=	neue Fassung
NJW	=	Neue Juristische Wochenschrift
Nr	=	Nummer
NR	=	Nationalrat
oÄ	=	oder Ähnliche(s)
ÖBl	=	Österreichische Blätter für gewerblichen Rechtsschutz und Urheberrecht
OGH	=	Oberster Gerichtshof
OLG	=	Oberlandesgericht
RA	=	Rechtsanwalt
RIS	=	Rechtsinformationssystem des Bundes
RL-UGP	=	Richtlinie 2009/29/EG über unlautere Geschäftspraktiken
Rs	=	Rechtssache
Rz	=	Randzahl
s	=	siehe
Slg	=	Sammlung der Rechtsprechung des EuGH und des EuGeI
StenProt	=	Stenographische Protokolle des Nationalrats
stRsp	=	ständige Rechtsprechung

SZ	=	Entscheidungen des österreichischen Obersten Gerichtshofes in Zivil- (und Justizverwaltungs-)sachen, veröffentlicht von seinen Mitgliedern
ua	=	und andere, -s; unter anderem
UStG		Bundesgesetz über die Besteuerung der Umsätze (Umsatzsteuergesetz 1994) BGBl 1994/663
UWG	=	Bundesgesetz gegen den unlauteren Wettbewerb 1984 BGBl Nr 1984/448
vgl	=	vergleiche
vH	=	von Hundert
VLB	=	Verzeichnis lieferbarer Bücher
VVO	=	Verkehrs- und Verkaufsordnung für den Buch-, Kunst-, Musikalien- und Zeitschriftenhandel in Österreich

Literaturverzeichnis

Bachleitner/Eybl/Fischer, Geschichte des Buchhandels in Österreich (2000).

Barfuß, Rechtsgutachten zum festen Ladenpreis im österreichischen Buchhandel, Anzeiger des österreichischen Buchhandels Nr 8/1983, 82.

Berka/Eilmansberger, Das Buchpreisbindungsgesetz auf dem Prüfstand des Verfassungsrechts und Gemeinschaftsrechts, wbl 2007, 205.

Borufka, Die Entwicklung des festen Ladenpreises im österreichischen Buchhandel, Anzeiger des österreichischen Buchhandels Nr 10/1985, 163.

Eilmansberger, Zur EG-rechtlichen Zulässigkeit der Buchpreisbindung, Anmerkung zu EuGH 17. 1. 1995, wbl 1995, 105.

Eixelsberger, „Sittenwidrigkeit" kraft gesetzlicher Fiktion? ÖBl 2001, 243.

Erhart, Österreichische Buchpreise im Binnenmarkt, ecolex 1995, 236.

Haberer, Buchpreisbindung, grenzüberschreitender elektronischer Handel und § 1 UWG, in FS Aicher (2012).

Hanreich/Kuschej/Grohall, Buchpreisregelung in Europa (2010).

Heidinger, Gemeinschaftsrechtliche Aspekte der grenzüberschreitenden Buchpreisbindung, MR 2006, 299.

Heidinger, Aktuelle Entwicklungen im Bereich der Buchpreisbindung, MR 2009, 160.

Hummer/Beganovic, Änderungsbedarf des österreichischen Buchpreisbindungsgesetzes infolge Unvereinbarkeit mit EU-Recht, OZK 2009, 127.

Kah/Neururer, Generiert der stationäre Buchhandel positive Nachfrageeffekte und verhilft dadurch dem Kulturgut Buch bei seiner Verbreitung? Ein natürliches Experiment, abrufbar unter: https://www2.uibk.ac.at/downloads/c4041030/wpaper/2019-15.pdf.

Krejci, Reform-Kommentar zum UGB/ABGB (2007).

Le More, E-Bücher im französischen Recht, MR-Int 2012, 3.

Mees, Einsatz und Verwendung von Gutscheinen sowie Leistungen Dritter beim Verkauf im Preis gebundener Bücher, GRUR 2012, 353.

Obwexer, Das österreichische Buchpreisbindungssystem auf dem Prüfstand des Gemeinschaftsrechts, EuR 2008, 736.

Öhlinger, Ist die Buchpreisbindung verfassungskonform? ÖJZ 2008/24.

Petsche/Urlesberger/Vartian, KartG 2005² (2016).

Schneider, Buchpreisbindung verfassungskonform? ecolex 2000, 852.

Sorge, Wie Amazon ein Kulturgut bedroht, Cicero 2014, abrufbar unter: http://www.cicero.de/salon/online-bibliothek-wie-amazon-ein-kulturgut-bedroht/58331.
Stolzlechner/Müller/Seider/Vogelsang/Höllbacher, GewO[4] (2020).
Straube/Ratka/Rauter, Wiener Kommentar zum Unternehmensgesetzbuch I4 (Stand 2022).
Streit/Jung, E-Books im österreichischen Recht, MR-Int 2012, 6.

Thurnher, Hält oder fällt die Preisbindung für Bücher? Die Buchpreisbindung auf dem europäischen Prüfstein, ÖBl 1995, 155.
Thyri/Mayer, Das Ende der Buchpreisbindung? ecolex 2009, 541.
Tonninger, Pop-up-Fenster für Urteilsveröffentlichungen im Internet nur sehr eingeschränkt geeignet, ecolex 2003, 771.
Tonninger, Buchpreisbindungsgesetz umgehend saniert, ecolex 2009, 969.
Tonninger, Buchpreisbindung in Österreich (2009).
Tonninger, OGH sollte undifferenzierte Haltung zum Buchpreisbindungsgesetz revidieren, ecolex 2012, 622.
Tonninger, Buchpreisbindung in Österreich[2] (2015).

Wallenfels/Russ, Preisbindungsgesetz[6] (2012).
Wallenfels/Russ, Preisbindungsgesetz[7] (2017).
Wallenfels/Russ, Arbeitsbericht der deutschen Preisbindungstreuhänder 2009, 6.
Weuster, Die Neuregelung der Buchpreisbindung in Deutschland (2007).
Wiebe/G. Kodek, Kommentar zum Gesetz gegen den unlauteren Wettbewerb[2] (2012).
Willheim, Gemeinschaftsrechtliche Zulässigkeit des neuen Buchpreisbindungsgesetzes, ecolex 2000, 848.
Wiltschek, Große Gesetzesausgabe des UWG[7] (2003).
Wiltschek/Horak, Große Gesetzesausgabe des UWG[8] (2016).
Wirtschaftskammer Österreich, Bundesgesetz über die Preisbindung bei Büchern, Kommentar und Gesetzestext, 2005.

Gesetzestext

Bundesgesetz über die Preisbindung bei Büchern (Buchpreisbindungsgesetz 2023 – BPrBG 2023)

BGBl I 2022/196

Der Nationalrat hat beschlossen:

Ziel

§ 1. Dieses Bundesgesetz dient dem Schutz von Büchern als Kulturgut. Es soll ein breites und qualitätvolles Angebot von Büchern, zu angemessenen Buchpreisen für die Öffentlichkeit sichern. Unter Bedachtnahme auf die betriebswirtschaftlichen Gegebenheiten des Buchhandels soll durch die Festsetzung von Mindestpreisen für die Veräußerung an Letztverbraucherinnen und Letztverbraucher die hierfür nötige Vielfalt im Buchvertrieb durch eine große Zahl von Verkaufsstellen gewährleistet werden.

Stammfassung.

Anwendungsbereich

§ 2. Dieses Bundesgesetz gilt für den Verlag und den Import sowie den Handel mit deutschsprachigen Büchern, elektronischen Büchern (E-Books) und Musikalien.

Stammfassung.

Begriffsbestimmungen

§ 3. Im Sinne dieses Bundesgesetzes ist

1. Verlegerin oder Verleger, wer die Herausgabe, das Herstellen und das Verbreiten einer Ware im Sinne des § 2 gewerbsmäßig übernimmt;

2. Importeurin oder Importeur, wer eine Ware im Sinne des § 2 gewerbsmäßig zum Vertrieb nach Österreich einführt oder eine Ware im Sinne des § 2 gewerbsmäßig im grenzüberschreitenden Handel an Letztverbraucherinnen und Letztverbraucher in Österreich veräußert;

3. Letztverkäuferin oder Letztverkäufer, wer gewerbsmäßig Waren im Sinne des § 2 an Letztverbraucherinnen und Letztverbraucher veräußert;

4. Letztverbraucherin oder Letztverbraucher, wer eine Ware im Sinne des § 2 zu anderen Zwecken als zum Weiterverkauf erwirbt;

5. Mindestpreis der Verkaufspreis inklusive Umsatzsteuer, der nicht unterschritten werden darf;

6. Mängelexemplar eine Ware im Sinne des § 2, die versehentlich verschmutzt oder beschädigt worden ist oder einen sonstigen Mangel aufweist, sodass sie von einer durchschnittlichen Letztverbraucherin oder einem durchschnittlichen Letztverbraucher eindeutig nicht mehr als mängelfrei angesehen wird;

7. ein elektronisches Buch (E-Book) ein digital abrufbarer und speicherbarer Buchinhalt, der über geeignete Endgeräte, wie insbesondere E-Reader, Tablets und Smartphones lesbar gemacht wird.

Stammfassung.

Preisfestsetzung

§ 4. (1) Die Verlegerin oder der Verleger beziehungsweise die Importeurin oder der Importeur einer Ware im Sinne des § 2 ist verpflichtet, für die von ihr oder ihm verlegten oder die von ihr oder ihm in das Bundesgebiet importierten Waren im Sinne des § 2 einen Mindestpreis festzusetzen und diesen bekannt zu machen.

(2) Die Importeurin oder der Importeur ist an den von der Verlegerin oder vom Verleger für das Bundesgebiet empfohlenen Mindestpreis gebunden. Ist für das Bundesgebiet kein Mindestpreis empfohlen, so darf die Importeurin oder der Importeur den von der Verlegerin oder vom Verleger für den Verlagsstaat festgesetzten oder empfohlenen Mindestpreis, abzüglich einer darin enthaltenen im Verlagsstaat geltenden Umsatzsteuer und zu-

züglich der in Österreich jeweils geltenden Umsatzsteuer, nicht unterschreiten.

(3) Im Falle des Reimports von Waren im Sinne des § 2 kann die Importeurin oder der Importeur, die oder der derartige Waren in einem Vertragsstaat des Abkommens über den Europäischen Wirtschaftsraum (EWR) zu einem von den üblichen Einkaufspreisen abweichenden niedrigeren Einkaufspreis kauft, den von der inländischen Verlegerin oder vom inländischen Verleger festgesetzten Preis im Verhältnis zum erzielten Handelsvorteil unterschreiten. Dies gilt nicht, wenn die betreffenden Waren allein zum Zweck ihrer Wiedereinfuhr ausgeführt worden sind, um dieses Bundesgesetz zu umgehen.

(4) Eine Preisfestsetzung durch die Importeurin oder den Importeur nach Abs. 1 bis 3 kann unterbleiben, wenn eine solche für eine bestimmte Ware im Sinne des § 2 bereits erfolgt und gemäß § 5 Abs. 1 bekanntgemacht worden ist.

Stammfassung.

Bekanntmachung des Mindestpreises

§ 5. (1) Die Verlegerin oder der Verleger beziehungsweise die Importeurin oder der Importeur hat den von ihr oder ihm für eine Ware im Sinne des § 2 festgesetzten Mindestpreis in einer vom Fachverband der Buch- und Medienwirtschaft in Zusammenarbeit mit dem Hauptverband des österreichischen Buchhandels gemeinsam bestimmten und öffentlich einsehbaren Referenzdatenbank rechtzeitig vor dem ersten Inverkehrbringen oder vor jeder Preisänderung bekannt zu machen.

(2) Für die Bekanntmachung von Preismeldungen, welche über die Referenzdatenbank nach Abs. 1 nicht möglich oder untunlich ist, ist vom Fachverband der Buch- und Medienwirtschaft auf eigene Kosten eine ständig abrufbare Website zu unterhalten.

(3) Die Pflicht zur Bekanntmachung des Preises besteht so lange, wie eine Ware im Sinne des § 2 noch von Letztverkäuferinnen oder Letztverkäufern vertrieben wird.

Stammfassung.

Anspruch auf Auskunft

§ 6. (1) Letztverkäuferinnen und Letztverkäufer von Waren im Sinne des § 2, für die gemäß § 5 kein Mindestpreis bekanntgemacht ist, haben dem Fachverband der Buch- und Medienwirtschaft und dem Hauptverband des österreichischen Buchhandels auf deren schriftliches und begründetes Verlangen binnen 14 Tagen richtig und vollständig Auskunft darüber zu geben, ob sie die Ware selbst importiert haben oder, unter Angabe von Namen oder Firma und vollständiger Anschrift, von wem die Ware allenfalls im Inland bezogen wurde.

(2) Die Verpflichtung nach Abs. 1 trifft auch Unternehmen, die Waren im Sinne des § 2 an Letztverkäuferinnen und Letztverkäufer veräußert haben und von diesen als Bezugsquelle benannt wurden.

Stammfassung.

Preisbindung

§ 7. (1) Letztverkäuferinnen und Letztverkäufer dürfen bei Veräußerung von Waren im Sinne des § 2 an Letztverbraucherinnen und Letztverbraucher den nach § 4 festgesetzten Mindestpreis höchstens bis zu 5% unterschreiten.

(2) Letztverkäuferinnen und Letztverkäufer dürfen im geschäftlichen Verkehr zu Zwecken des Wettbewerbs eine Unterschreitung des Mindestpreises im Sinne des Abs. 1 nicht ankündigen.

(3) Die Verpflichtung nach Abs. 1 gilt nicht für Waren im Sinne des § 2, deren Mindestpreis vor mehr als 24 Monaten zum ersten Mal gemäß § 5 bekannt gemacht wurde und deren Lieferzeitpunkt länger als sechs Monate zurückliegt. Letztverkäuferinnen und Letztverkäufer können sich auf diese Ausnahme nur berufen, wenn sie den Verkauf solcher Waren ausdrücklich als „Lagerabverkauf" ankündigen. Die Ausnahme gilt nicht für Letztverkäuferinnen und Letztverkäufer, die selbst zur Festsetzung und Bekanntmachung eines Mindestpreises für diese Ware nach diesem Gesetz verpflichtet sind.

(4) Das Vorliegen der Voraussetzungen nach Abs. 3 ist von der Letztverkäuferin oder vom Letztverkäufer nachzuweisen.

Stammfassung.

Ausnahmen

§ 8. (1) In folgenden Fällen und in folgendem Umfang darf die Letztverkäuferin oder der Letztverkäufer von Waren im Sinne des § 2 von dem nach § 4 festgesetzten Mindestpreis abweichen:

1. beim Verkauf an jedermann zugängliche öffentliche Bibliotheken und Schulbibliotheken im Ausmaß von maximal 10%;

2. beim Verkauf an Hörerinnen und Hörer einer oder eines an einer Universität oder Hochschule Vortragenden zum Eigenbedarf, gegen Vorlage eines von der Vortragenden oder vom Vortragenden unterschriebenen und mit dem Namen der Hörerin oder des Hörers versehenen Hörerscheins oder einer gleichwertigen Bestätigung der besuchten Universität oder Hochschule, wenn für ein Buch in der Referenzdatenbank gemäß § 5 ein Hörerscheinpreis festgelegt ist, im Ausmaß von maximal 20%;

3. beim Verkauf von Mängelexemplaren im handelsüblichen Ausmaß im Verhältnis zum Mangel.

(2) In folgenden Fällen darf die Letztverkäuferin oder der Letztverkäufer von Waren im Sinne des § 2 von dem nach § 4 festgesetzten Mindestpreis nach freiem Ermessen abweichen:

1. beim Verkauf an Verlegerinnen und Verleger sowie Importeurinnen und Importeure von Waren im Sinne des § 2, Buchhändlerinnen und Buchhändler sowie an zu diesen in einem Dienstverhältnis stehende Arbeitnehmerinnen und Arbeitnehmer für deren Eigenbedarf;

2. beim Verkauf an Autorinnen und Autoren eines Verlags für Publikationen dieses Verlags für deren Eigenbedarf.

(3) Dieses Bundesgesetz gilt nicht für Waren im Sinne des § 2, die im Rahmen der Schulbuchaktion (Abschnitt Ic des Familienlastenausgleichsgesetzes 1967, BGBl. Nr. 376, in der jeweils geltenden Fassung) abgegeben werden.

Stammfassung.

Handlungen gegen die Preisfestsetzung und Preisbindung

§ 9. Handlungen gegen § 4 Abs. 1 bis 3, § 5 Abs. 1 oder § 7 Abs. 1 bis 3 gelten als Handlungen im Sinne des § 1 des Bundes-

gesetzes gegen den unlauteren Wettbewerb 1984, BGBl. Nr. 448/1984, in der jeweils geltenden Fassung.

Stammfassung.

Zeitlicher Geltungsbereich

§ 10. **Dieses Bundesgesetz tritt mit 1. Jänner 2023 in Kraft. Das Bundesgesetz über die Preisbindung bei Büchern, BGBl. I Nr. 45/2000, in der Fassung des Bundesgesetzes BGBl. I Nr. 79/2014, tritt mit Ablauf des 31. Dezember 2022 außer Kraft.**

Stammfassung.

Vollziehung

§ 11. **Mit der Vollziehung dieses Bundesgesetzes ist hinsichtlich des § 9 die Bundesministerin oder der Bundesminister für Justiz, hinsichtlich der übrigen Bestimmungen die Bundesministerin oder der Bundesminister für Kunst, Kultur, öffentlichen Dienst und Sport betraut.**

Stammfassung.

Notifikation

§ 12. **Dieses Bundesgesetz wurde einem Informationsverfahren im Sinne der Richtlinie (EU) 2015/1535 über ein Informationsverfahren auf dem Gebiet der technischen Vorschriften und der Vorschriften für die Dienste der Informationsgesellschaft, ABl. Nr. L 241 vom 17. 09. 2015 S. 1, unterzogen (Notifikationsnummer: 2022/0542/A).**

Stammfassung.

Übergangsbestimmungen

§ 13. **Für Waren im Sinne des § 2, die vor dem Zeitpunkt des Inkrafttretens dieses Bundesgesetzes mit einem festen Letztverkaufspreis, der im Sinne des § 4 des Bundesgesetzes über die Preisbindung bei Büchern, BGBl. I Nr. 45/2000, veröffentlicht war, in Verkehr gebracht wurden, gilt dieser Preis als von der Verlegerin oder vom Verleger oder vom Importeur oder der Importeurin festgesetzter Mindestpreis im Sinne dieses Bundesge-**

setzes, solange diese oder dieser keinen neuen Mindestpreis festsetzt.

Stammfassung.

Kommentarteil

Bundesgesetz über die Preisbindung bei Büchern (Buchpreisbindungsgesetz 2023 – BPrBG 2023)

BGBl I 2022/196

Vor § 1

Übersicht

I. Entstehungsgeschichte

Die Geschichte der Buchpreisbindung in Österreich reicht weit über ein Jahrhundert zurück und ist eng mit der Entwicklung der Buch- 1 preisbindung in Deutschland verwoben. Während ein einheitlicher, überall geltender Ladenpreis bereits als Grundpfeiler des 1859 gegründeten **Vereins der österreichischen Buchhändler** angesehen wurde,[1] erlangte das Thema Buchpreisbindung vor allem aufgrund des mit der Wirtschaftskrise im Jahre 1873 vermehrt einsetzenden **„Rabattunwesens"** Aktualität.

2 Die Diskussion war dabei vor allem auch von der Sorge der Verleger für die für sie so wichtigen Sortimentsbuchhandlungen getragen, „die ohne ein gesundes Sortiment ebenso wenig leben können". Da eine Hilfe für die Sortimenter aufgrund der Steigerung der Druck- und Papierpreise aus Sicht der Verleger nicht möglich war, wurde von Verlagsseite als einziger Ausweg vorgeschlagen, „den Rabatt an Private abzuschaffen."[2]

A. *Kröner'sche* Reform und Satzungen des Vereins der österreichisch-ungarischen Buchhändler

3 Schon im Jahre 1825 war der **Börsenverein des deutschen Buchhandels** gegründet worden, dessen Vorsteher im Jahre 1887, der Verleger *Adolf Kröner,* letztlich den entscheidenden Anstoß auch für die österreichische Preisbindung bei Büchern gab.[3]

4 Durch die sogenannte „*Kröner'sche* **Reform**" wurde die Preisbindung bei Büchern in die Satzungen des deutschen Börsenvereins aufgenommen, wodurch der Börsenverein die Macht erhielt, den festen Ladenpreis auch durchzusetzen. Verstöße wurden verbandsintern mit Strafen bis zum Lieferboykott sanktioniert.[4] Nach Vorbild der *Kröner'schen* Reform passte schon im Jahre 1889 der mittlerweile in **„Verein der österreichisch-ungarischen Buchhändler"** umbe-

1 Vgl *Borufka,* Die Entwicklung des festen Ladenpreises im österreichischen Buchhandel, Anzeiger des österreichischen Buchhandels Nr 10/1985, 163.

2 Brief von *Dominicus* an den Vorstand des Vereins der österreichischen Buchhändler vom November 1873, zitiert nach *Borufka,* Die Entwicklung des festen Ladenpreises im österreichischen Buchhandel, Anzeiger des österreichischen Buchhandels Nr 10/1985, 163.

3 Vgl *Borufka,* Die Entwicklung des festen Ladenpreises im österreichischen Buchhandel, Anzeiger des österreichischen Buchhandels Nr 10/1985, 163; vgl auch *Weuster,* Die Neuregelung der Buchpreisbindung in Deutschland, 36ff.

4 *Wallenfels/Russ,* Preisbindungsgesetz[7] § 1 Rz 25.

nannte Verein der österreichischen Buchhändler seine Satzungen mit den **„Bestimmungen für den Verkehr mit dem Publicum“** inhaltlich an die Satzungen des deutschen Börsenvereins an. Die Satzungen sahen nunmehr Folgendes vor:

„1. Bei Verkäufen an das Publicum sind die vom Verleger festzusetzenden Ladenpreise einzuhalten.

2. Jedes Anbieten von Rabatt an das Publicum in ziffernmässiger oder unbestimmter Fassung, sowie die Zusicherung von anderweitigen Vortheilen, welche den Rabatt ersetzen sollen, ist unzulässig.

Nur in besonderen Ausnahmefällen, wie bei grösserem literarischen Bedarf, ist es gestattet, einen mässigen Skonto zu gewähren und sind hierüber bindende Bestimmungen getroffen.“

Als Sanktion wurde der Ausschluss aus dem Verein angedroht, *„was den Abbruch aller Beziehungen zum gesammten deutschen und österreichischen Verlagsbuchhandel zur Folge haben würde“.*[5] Die Satzungsänderung, die vom Verein der österreichisch-ungarischen Buchhändler am **19. März 1889** beschlossen wurde, **kann als die Einführung der Buchpreisbindung in Österreich gelten.** 5

B. Verkehrs- und Verkaufsordnung 1947

Die Bestimmungen über die Buchpreisbindung des ursprünglichen Regelwerks des Vereins der österreichisch-ungarischen Buchhändler von 1889 überdauerte beide Weltkriege und wurde erst durch die 1947 vom Hauptverband des österreichischen Buchhandels[6] beschlossene „**Verkehrs- und Verkaufsordnung** für den Buch-, Kunst-, Musikalien- und Zeitschriftenhandel in Österreich“ (in der Folge kurz: **VVO**) abgelöst.[7] 6

5 Vgl *Borufka,* Die Entwicklung des festen Ladenpreises im österreichischen Buchhandel, Anzeiger des österreichischen Buchhandels Nr 10/1985, 164; vgl auch *Bachleitner/Eybl/Fischer,* Geschichte des Buchhandels in Österreich (2000) 227.

6 Damalige Bezeichnung: „Verein der österreichischen Buch-, Kunst-, Musikalien-, Zeitungs- und Zeitschriftenhändler“; die Neubenennung in „Hauptverband des österreichischen Buchhandels“ erfolgte 1965.

7 Siehe auch *Barfuß,* Rechtsgutachten zum festen Ladenpreis im österreichischen Buchhandel, Anzeiger des österreichischen Buchhandels Nr 8/1983, 82.

7 Die VVO war nach Eigendefinition „die Sammlung der für den geschäftlichen Verkehr der Buchhändler [. . .] mit dem Publikum geltenden Handelsbräuche und der vom Verein satzungsgemäß erlassenen und [. . .] veröffentlichten Vorschriften."[8] Aufgrund des hohen Anteils von aus Deutschland importierten Büchern war die Buchpreisbindung schon damals grenzüberschreitend geregelt.[9]

8 Auch die Bundeswirtschaftskammer, Bundesgremium des Handels mit Büchern, Musikalien, Zeitungen und Zeitschriften, hat mit einem an ihre Mitglieder gerichteten, in einem im „Anzeiger für den Buch-, Kunst- und Musikalienhandel" im Jahr 1948 veröffentlichten Rundschreiben den Handelsbrauch der festen Ladenpreise mitgeteilt und seine Nichtbeachtung mit Strafsanktionen bedroht.[10]

9 Kartellrechtliche Absicherung erfuhr die VVO durch ein Gutachten von *Schönherr/Torggler* „über den festen Ladenpreis im österreichischen Buchhandel" aus dem Jahre 1970, das von *Barfuß* im Jahre 1983 nochmals überprüft und inhaltlich bestätigt wurde.[11] Dabei wurde insbesondere festgehalten, dass der feste Ladenpreis auch für Nichtmitglieder des Hauptverbands des österreichischen Buchhandels verbindlich wäre und unter Inanspruchnahme der Gerichte nach dem UWG tatsächlich und wirkungsvoll durchgesetzt werden könnte.[12] Der OGH hat sich zur Begründung, dass die Festsetzung von Ladenpreisen durch den Verleger Handelsbrauch ist, – mit gleichem Ergebnis – in seiner Entscheidung *Baedeckers Reiseführer* im Jahr 1985 auf das angeführte Rundschreiben der Bundeswirtschaftskammer gestützt, in welchem die VVO für alle Mitglieder verbindlich erklärt wurde.[13]

8 Zitiert nach *Barfuß*, Rechtsgutachten zum festen Ladenpreis im österreichischen Buchhandel, Anzeiger des österreichischen Buchhandels Nr 8/1983, 82.

9 Vgl *Willheim*, Gemeinschaftsrechtliche Zulässigkeit des neuen Buchpreisbindungsgesetzes, ecolex 2000, 848.

10 OGH 2. 4. 1985, 4 Ob 395/84, *Baedeckers Reiseführer*, ÖBl 1985, 153.

11 Vgl *Barfuß*, Rechtsgutachten zum festen Ladenpreis im österreichischen Buchhandel, Anzeiger des österreichischen Buchhandels Nr 8/1983, 82 ff.

12 *Barfuß*, Rechtsgutachten zum festen Ladenpreis im österreichischen Buchhandel, Anzeiger des österreichischen Buchhandels Nr 8/1983, 84.

13 Vgl OGH 2. 4. 1985, 4 Ob 395/84, *Baedeckers Reiseführer*, ÖBl 1985, 153.

Die Frage, ob bezüglich der Festsetzung von Ladenpreisen durch den Verleger ein Handelsbrauch besteht, stellt sich freilich schon seit der Einführung des BPrBG alt nicht mehr. Darüber hinaus ist mittlerweile entschieden, dass durch den im **BPrBG 2023** vorgenommenen **Rechtsfolgenverweis**[14] auf § 1 UWG die spezifischen Anspruchsvoraussetzungen dieser Bestimmung nicht mehr zu prüfen sind.[15] 10

C. Buchpreisbindung und EG-Kartellrecht

Mit dem Beitritt Österreichs zum Europäischen Wirtschaftsraum im Jahre 1993[16] wurde in Österreich auch das EG-Kartellrecht einschließlich der einschlägigen EuGH-Rechtsprechung übernommen. Das hatte auch zur Folge, dass das System der Buchpreisbindung nach der Verkehrs- und Verkaufsordnung 1947 aufgrund wettbewerbsrechtlicher Gründe zu überdenken war.[17] Vor diesem Hintergrund entstand der **„Drei-Länder Sammelrevers"**, der mit 1. 1. 1993 in Österreich, Deutschland und der Schweiz in Kraft trat.[18] 11

Ursprünglich stand die EU-Kommission diesem Sammelrevers positiv gegenüber und hob sogar in einem **„Comfort Letter"** im Jahre 1994 die positiven Effekte des Sammelreverses unter anderem auf die Förderung der Titelvielfalt, die Verbesserung der Warenverteilung durch ein flächendeckendes System von Verkaufsstellen und dadurch auf die Förderung des Buches als Kulturgut hervor.[19] 12

Diese Haltung der EU-Kommission änderte sich jedoch in der Folge durch EU-Wettbewerbskommissär *Karel van Miert,*[20] der die Preisbindung für Bücher deutlich ablehnte. Aus diesem Grund war der „Drei-Länder Sammelrevers" als private grenzüberschreitende Ver- 13

14 § 7 BPrBG alt bzw § 9 BPrBG 2023.

15 Dies war vorübergehend strittig: vgl ua OGH 27. 8. 2013, 4 Ob 57/13f, *Thalia II,* ecolex 2013, 1089 *(Horak)* = ÖBl 2014, 9 *(Wiltschek); Tonninger,* OGH sollte undifferenzierte Haltung zum Buchpreisbindungsgesetz revidieren, ecolex 2012, 622; *Eixelsberger,* „Sittenwidrigkeit" kraft gesetzlicher Fiktion? ÖBl 2001, 243; s dazu im Detail § 9 „Buchpreisbindungsverstöße mit „per se-Verboten" des UWG vergleichbar", Rz 14ff.

16 Das EWR-Abkommen trat in Österreich mit 1. 1. 1994 in Kraft.

17 *Willheim,* Gemeinschaftsrechtliche Zulässigkeit des neuen Buchpreisbindungsgesetzes, ecolex 2000, 848.

18 Vgl auch *Wallenfels/Russ,* Preisbindungsgesetz[7] § 1 Rz 32f.

19 *Wallenfels/Russ,* Preisbindungsgesetz[7] § 1 Rz 33.

20 Vgl *Wallenfels/Russ,* Preisbindungsgesetz[7] § 1 Rz 34.

einbarung zur Buchpreisbindung bis 30. 6. 2000 außer Kraft zu setzen,[21] was schließlich zu einer **Renationalisierung der Buchpreisbindungssysteme führte.**[22]

D. Buchpreisbindungsgesetz in Österreich (BPrBG alt)

14 In Österreich wurde in der Folge am **6. 6. 2000** das **Bundesgesetz über die Preisbindung bei Büchern (Buchpreisbindungsgesetz – BPrBG alt)** beschlossen. Das BPrBG alt trat durch Ausgabe des Bundesgesetzblatts am 7. 7. 2000 mit Wirkung vom 30. 6. 2000 in Kraft.[23]

15 Der österreichische Gesetzgeber orientierte sich beim BPrBG alt besonders an den Regelungen des französischen Gesetzes zur Buchpreisbindung, dem **„Loi Lang"**, und den dazu ergangenen Durchführungserlässen[24] – zumal das französische Vorbild schon mehrfach vom EuGH überprüft[25] und vom französischen Gesetzgeber angepasst worden war. Das ursprünglich auf 5 Jahre befristet beschlossene BPrBG alt wurde **im Jahr 2004** wiederum einstimmig **definitiv gestellt.**[26] Das BPrBG alt bezog schon ursprünglich auch grenzüberschreitende Verkäufe nach Österreich in seinen Anwendungsbereich mit ein, solange diese nicht im Rahmen des „grenzüberschreitenden elektronischen Handels" erfolgten.[27]

---

21 Vgl Bericht des Kulturausschusses, 113. der Beilagen zu den Stenographischen Protokollen des Nationalrates 21. GP.

22 *Wallenfels/Russ,* Preisbindungsgesetz[7] § 1 Rz 34.

23 BGBl I Nr 2000/45.

24 Vgl Bericht des Kulturausschusses, 113. der Beilagen zu den Stenographischen Protokollen des Nationalrates 21. GP.

25 Vgl ua EuGH 10. 1. 1985, Rs 229/83, *Leclerc,* Slg 1985, 1; 11. 7. 1985, Rs 299/83, *Leclerc/Ocean,* Slg 1985, 2515; 10. 7. 1986, Rs 95/84, *Darras* und *Tostain,* Slg 1986, 2253; 23. 10. 1986, Rs 355/85, *Cognet,* Slg 1986, 3231; 25. 2. 1987, Rs 168/86, *Rousseau,* Slg 1987, 995; 9. 4. 1987, Rs 160/86, *Verbrugge,* Slg 1987, 1783; 14. 7. 1988, Rs 254/87, *Centre Leclerc,* Slg 1988, 4457; 3. 10. 2000, Rs C-9/99, *Echirolles,* Slg 2000, I-8207.

26 Vgl BGBl I 2004/113.

27 Diese Ausnahme für den „grenzüberschreitenden elektronischen Handel" wurde durch die Novelle 2014 zum BPrBG alt ersatzlos gestrichen, wodurch Verkäufe von Büchern seitdem unabhängig vom Vertriebsweg in den Anwendungsbereich des Gesetzes fallen; s dazu im Detail § 2 „Vertriebsformen", Rz 20ff.

Eine erste kleine inhaltliche Änderung erfuhr das BPrBG alt im Jahr 2009. Durch ein **Urteil des Europäischen Gerichtshofs**[28] war die Importregelung des BPrBG alt leicht anzupassen, wobei die Sanierung des Buchpreisbindungsgesetzes vom österreichischen Gesetzgeber umgehend und einstimmig beschlossen wurde.[29] In der Praxis waren die Auswirkungen dieser **Anpassung der Importregelung,** die es ausländischen Verlagen ermöglicht, einen eigenen „Österreich"-Preis festzulegen, jedoch gering. Das zu Grunde liegende EuGH-Urteil stärkte hingegen das **Fundament der Buchpreisbindungsgesetze** in ganz Europa, weil darin auch festgehalten wurde, dass der Schutz von Büchern als Kulturgut Einschnitte in den freien Warenverkehr rechtfertigen kann.[30] **16**

Während zum Zeitpunkt der Verabschiedung des Gesetzes im Jahr 2000 der Internethandel eine ganz untergeordnete Rolle spielte und „E-Books" in der heutigen Form noch überhaupt nicht existent waren, machten gerade die Marktentwicklungen in diesem Bereich eine **„Modernisierung" des BPrBG alt im Jahr 2014** notwendig. Durch die im Herbst 2014 mit beeindruckender Mehrheit im Parlament beschlossene Gesetzesnovelle[31] wurde einerseits die Ausnahme für den „grenzüberschreitenden elektronischen Handel" im BPrBG alt gestrichen und wurden andererseits E-Books explizit in den Anwendungsbereich des Gesetzes aufgenommen.[32] **17**

Durch die **Einbeziehung sämtlicher Vertriebswege** in die Buchpreisbindung ist seit der Novelle 2014 zum BPrBG alt auch gewährleistet, dass offensichtliche Lücken und Umgehungsmöglichkeiten **18**

28 EuGH 30. 4. 2009, Rs C-531/07, *Fachverband der Buch- und Medienwirtschaft,* MR 2009, 164.

29 Vgl auch *Tonninger,* Buchpreisbindungsgesetz umgehend saniert, ecolex 2009, 969.

30 EuGH 30. 4. 2009, Rs C-531/07, *Fachverband der Buch- und Medienwirtschaft,* MR 2009, 164.

31 BGBl I 2014/79.

32 Damit wurde auch meiner Anregung aus dem Jahre 2011 entsprochen, E-Books ausdrücklich in den Anwendungsbereich des Gesetzes aufzunehmen; s *Führer,* Feste Preise im Fokus, Anzeiger des österreichischen Buchhandels Nr 8/2011, 23.

der Buchpreisbindung, wie sie durch die *Thalia*-Entscheidungen[33] evident geworden sind, geschlossen wurden und keine Diskriminierung von rein inländischen Internethändlern mehr besteht. Mit der expliziten Einbeziehung von **E-Books** in den sachlichen Anwendungsbereich des BPrBG alt wurde auch diesbezüglich Rechtssicherheit geschaffen. Die Novelle trat mit 1. 12. 2014 in Kraft.[34]

E. Das Buchpreisbindungsgesetz 2023

19 Mit dem **Buchpreisbindungsgesetz 2023 (BPrBG 2023)** wurde das BPrBG alt insgesamt neu erlassen, wobei auf Grundlage einer empirischen Studie[35] in der neu eingeführten eigenen **Zielbestimmung** (§ 1) auch sinngemäß festgehalten wurde, dass der Schutz des Buchs als Kulturgut untrennbar mit der Sicherstellung einer großen Vielfalt im Buchvertrieb verknüpft ist.

20 In Bezug auf die Regelungen der Preisfestsetzung und Bekanntmachung wurde das Gesetz an die seit Jahrzehnten gelebte Realität in der Buchbranche angepasst, was Missverständnisse beseitigen und zu mehr Rechtssicherheit führen wird. Exemplarisch dafür ist die Regelung, dass nunmehr im Gesetz vorgesehen ist, dass sogleich die **Mindestpreise** (also Bruttopreise) festzusetzen sind, was jedoch schon immer der gängigen Praxis entsprochen hat. Obwohl die Regelung im BPrBG alt nämlich grundsätzlich vorgesehen hat, dass Nettoletztverkaufspreise festzusetzen sind, fanden sich in der Referenzdatenbank Verzeichnis lieferbarer Bücher (VLB) schon immer die Bruttopreise.

21 Gleiches gilt für die **Bekanntmachung der Mindestpreise.** Während das BPrBG alt vorgesehen hat, dass der Fachverband der Buch- und Medienwirtschaft gemeinsam mit dem Hauptverband des österreichischen Buchhandels dafür eine elektronisch jederzeit

33 OGH 28. 2. 2012, 4 Ob 1/12v, *Thalia*, ÖBl 2012, 162 *(Wiltschek)* = MR 2012, 262 *(Heidinger)*, sowie OGH 27. 8. 2013, 4 Ob 57/13f, *Thalia II*, ecolex 2013, 1089 *(Horak)* = ÖBl 2014, 9 *(Wiltschek)*.

34 Vgl § 8 Abs 3 BPrBG alt.

35 *Kah/Neururer*, Generiert der stationäre Buchhandel positive Nachfrageeffekte und verhilft dadurch dem Kulturgut Buch bei seiner Verbreitung? Ein natürliches Experiment, https://www2.uibk.ac.at/downloads/c4041030/wpaper/2019-15.pdf (zuletzt besucht am 23. 2. 2023); Details dazu s Vor § 1 „Buchpreisbindung und Europarecht“, Rz 31ff.

zugängliche Internetseite zu unterhalten hat, haben sich diese Verbände auf das **VLB als Referenzdatenbank** geeinigt. Das BPrBG 2023 sieht nunmehr – angepasst an diese Realität – vor, dass die Verbände die Referenzdatenbank gemeinsam bestimmen müssen und dass daneben der Fachverband der Buch- und Medienwirtschaft eine ständig abrufbare Webseite für Preismeldungen zu unterhalten hat, welche über die Referenzdatenbank nicht möglich oder untunlich sind.

Für die Praxis wesentlich ist sicherlich auch die genauere Regelung der sogenannten *„Lagerabverkaufsausnahme“* durch das BPrBG 2023, die Unklarheiten beseitigen wird. Auch um zu verhindern, dass Konsumenten über die Aktualität von Büchern getäuscht werden, muss man nunmehr ausdrücklich ankündigen, dass es sich um einen „Lagerabverkauf“ handelt, wenn man sich auf die Ausnahme berufen will. Klargestellt wird auch, dass diese Ausnahme nur für Buchhändler und nicht auch für Verlage oder Importeure gilt, die den Mindestpreis für ein Buch ja ohnehin selbst festsetzen und somit auch nach unten korrigieren können. **22**

Einer besseren Verfolgbarkeit von Verstößen im Zusammenhang mit dem Verkauf von importierten Büchern soll die Einführung eines eigenen **Auskunftsanspruchs** dienen. **23**

Schließlich wird durch das BPrBG 2023 auch noch die Möglichkeit von *Autoren- und Kollegenrabatten* nach deutschem Vorbild in sehr engem Umfang eingeführt. **24**

Wesentlich ist beim BPrBG 2023, dass das Gesetz in seiner Gesamtheit gemäß der Richtlinie (EU) 2015/1535 bei der Europäischen Kommission **am 11. 8. 2022 notifiziert** und erst nach Abwarten der Stillhaltefrist beschlossen worden ist und dass weder die Europäische Kommission noch ein anderer Mitgliedstaat der Europäischen Union im Rahmen des Notifizierungsverfahrens irgendwelche Bedenken zur Unionsrechtskonformität des BPrBG 2023 geäußert haben.[36] **25**

36 Notifizierungsnummer 2022/542/A; s auch https://ec.europa.eu/growth/tools-databases/tris/de/search/?trisaction=search.detail&year=2022&num=542 (zuletzt besucht am 23. 2. 2023); s dazu im Detail § 12 „Notifikation“, Rz 1 ff.

F. Buchpreisbindungsgesetz in Deutschland unter anderem auf österreichischer Basis

26 In **Deutschland** wurde aufgrund der geänderten Haltung der EU-Kommission zuerst eine rein nationale Buchpreisbindung im neuen deutschen Sammelrevers 2000 geregelt, der am 31. 3. 2000 bei der EU-Kommission zur Freistellung angemeldet und sodann von der EU-Kommission für unbedenklich erklärt wurde.

27 Am 1. 10. 2002, also gut zwei Jahre nach dem österreichischen BPrBG alt, trat das deutsche Buchpreisbindungsgesetz in Kraft, das im Jahre 2006 erstmals angepasst wurde.[37] Ausdrücklich ist in der Begründung des dBuchPrG angeführt, dass es sich aufgrund der angestrebten Harmonisierungswirkung an den Preisbindungsgesetzen anderer EU-Staaten – insbesondere an den Gesetzen von Frankreich und Österreich – orientiert.[38] Auffallend ist die **höhere Regelungstiefe** des deutschen Gesetzes, die dadurch zu erklären ist, dass der deutsche Gesetzgeber durch die Zwischenlösung mit dem Sammelrevers 2000 für das Gesetz unvergleichbar mehr Zeit hatte und insbesondere auch auf die Erfahrungen mit dem öBPrBG alt zurückgreifen konnte.

28 Mit dem **2. Änderungsgesetz 2016** hat der deutsche Gesetzgeber, ohne dies ausdrücklich zu erwähnen, die wesentlichen Änderungen der Novelle 2014 zum BPrBG alt nachvollzogen, um sicherzustellen, dass die Ziele des Gesetzes auch in einem sich durch digitale Medien geänderten Marktumfeld erreicht werden können und mittel- und langfristig sichergestellt werden.[39]

29 Entsprechend wurde einerseits ausdrücklich klargestellt, dass auch elektronische Bücher **(E-Books)** in den Anwendungsbereich des Gesetzes aufgenommen werden und andererseits wurde die **Ausnahme für den grenzüberschreitenden Handel gestrichen,** um sicherzustellen, dass die Buchpreisbindung bei Verkäufen an Letztabnehmer

37 Vgl dazu: *Wallenfels/Russ,* Preisbindungsgesetz[7] § 1 Rz 36f.

38 Begründung A Z 1 lit a, BT-Drucks 14/9196, 8.

39 Begründung A, BT-Drucks 18/8043, 1; abrufbar unter: https://dserver.bundestag.de/btd/18/080/1808043.pdf (zuletzt besucht am 23. 2. 2023); s auch *Wallenfels/Russ,* Preisbindungsgesetz[7] § 1 Rz 38.

in Deutschland unabhängig vom Sitz des Verlages oder Händlers einzuhalten ist und Umgehungen ausgeschlossen werden.[40]

II. Ziel und Zweck des BPrBG 2023

Während die Ziele im BPrBG alt noch nicht ausdrücklich gesetzlich geregelt waren, wurde dem BPrBG 2023 mit § 1 eine Zielbestimmung vorangestellt, die die Ziele des Gesetzes nun ausdrücklich behandelt. Die Debattenbeiträge im Zuge der Novellen zum BPrBG alt haben daher ihre Bedeutung für die Auslegung des Gesetzes verloren.[41] **30**

III. Exkurse zur Buchpreisbindung

A. Buchpreisbindung und Europarecht

1. Rückblick und jüngere Entwicklungen

Die Bedeutung von Büchern und der Buchpreisbindung war bereits mehrfach Gegenstand von Ausführungen des Europäischen Parlaments, des Rates sowie der Kommission. In der Entschließung des Rates vom 12. 2. 2001 „betreffend die Anwendung der einzelstaatlichen Systeme für die Festsetzung der Buchpreise“[42] weist der Rat beispielsweise darauf hin, *„dass es jedem Mitgliedstaat freisteht, im Rahmen seiner Politik zugunsten des Buches und der Lektüre ein nationales Buchpreissystem auf gesetzlicher oder vertraglicher Grundlage anzuwenden oder auch nicht“* (ErwGr 3). **31**

Regelungen zur Buchpreisbindung geraten vor allem dann in den Fokus des Europarechts, wenn ihnen grenzüberschreitende Wirkung zukommt und sie damit potenziell den freien Warenverkehr tangieren. Für kleine Märkte wie den österreichischen Markt, in dem über zwei Drittel der verkauften Bücher aus Deutschland importiert werden, kann jedoch ein nationales Buchpreisbindungssystem nur Sinn **32**

40 Begründung A, BT-Drucks 18/8043, 6; abrufbar unter: https://dserver.bundestag.de/btd/18/080/1808043.pdf (zuletzt besucht am 23. 2. 2023); s auch *Wallenfels/Russ,* Preisbindungsgesetz[7] § 1 Rz 38.

41 Vgl § 1 BPrBG 2023; siehe zu den Debattenbeiträgen im Zuge der Novellen zum BPrBG alt: *Tonninger,* Buchpreisbindung in Österreich[2] Vor § 1 Rz 31 ff.

42 ABl C 2001/73/03, 5.

machen, wenn es nicht nur inländische Bücher, sondern auch importierte Bücher erfasst.

33 Der **Europäische Gerichtshof** hat sich mit Fragen der Buchpreisbindung erstmals im Jahre 1985 eingehend beschäftigt. In der Entscheidung *Leclerc*[43] hat der EuGH festgehalten, dass nationale Preisbindungsgesetze einerseits nicht gegen die Regeln des europäischen Wettbewerbsrechts verstoßen und andererseits grundsätzlich mit der Warenverkehrsfreiheit nach Art 34 AEUV vereinbar sind. Im oben genannten Verfahren stand das französische Buchpreisbindungsgesetz auf dem Prüfstand und war die Frage zu klären, ob dieses geeignet sei, die Gemeinschaftsregelungen über den Wettbewerb im Gemeinsamen Markt zu beeinträchtigen. Der EuGH sprach dazu aus, dass der EGV – insb Art 5 Abs 2 aF iVm Art 3 lit f aF und Art 85 aF – den Mitgliedstaaten nicht den Erlass von Rechtsvorschriften verbietet, nach denen der Endverkaufspreis von Büchern vom Verleger oder Importeur eines Buches festgesetzt werden muss und für jeden Einzelhändler verbindlich ist, vorausgesetzt, dass diese Rechtsvorschriften im Einklang mit den übrigen einschlägigen Bestimmungen des EWG-Vertrages stehen, insbesondere mit den Bestimmungen über den freien Warenverkehr. Eine Einschränkung der Warenverkehrsfreiheit liegt jedoch vor, wenn eine Maßnahme *„den Absatz eingeführter Erzeugnisse gegenüber dem einheimischer Erzeugnisse in irgendeiner Weise erschwert“*.[44] Für reimportierte Bücher sprach der EuGH sinngemäß aus, dass die Bindung dieser Reimporte an einen festen Ladenpreis mit dem Unionsrecht kollidiert, wenn nicht die Bücher allein zum Zwecke der Wiedereinfuhr ausgeführt wurden.[45] In der Entscheidung *Echirolles* hat der EuGH im Oktober 2000 unter Bezugnahme auf die Entscheidung *Leclerc* im Wesentlichen bestätigt, dass bis dahin noch immer keine Wettbewerbspolitik der Gemeinschaft bestand, die einem nationalen Buchpreisbindungssystem widersprechen würde.[46]

43 EuGH 10. 1. 1985, Rs 229/83, *Leclerc,* Slg 1985, 1.

44 EuGH 10. 1. 1985, Rs 229/83, *Leclerc,* Slg 1985, 1, Rz 23; s dazu im Detail *Obwexer,* Das österreichische Buchpreisbindungssystem auf dem Prüfstand des Gemeinschaftsrechts, EuR 2008, 723f.

45 Vgl § 5 Abs 3 BPrBG 2023.

46 Vgl *Obwexer,* Das österreichische Buchpreisbindungssystem auf dem Prüfstand des Gemeinschaftsrechts, EuR 2008, 741; vgl auch *Wallenfels/Russ,* Preisbindungsgesetz[7] § 1 Rz 52.

Eine wichtige Entscheidung für die europäische Buchpreisbindung, die ihren Ausgangspunkt in Österreich hatte, ist im Jahr 2009 ergangen. Im Rahmen eines Vorabentscheidungsverfahrens legte der OGH dem EuGH drei Fragen vor, wobei die ersten beiden Fragen die Vereinbarkeit der konkreten Importregelung mit dem Unionsrecht zum Inhalt hatten.[47] In seiner wegweisenden **Entscheidung** *Fachverband der Buch- und Medienwirtschaft* sprach der **EuGH** am 30. 4. 2009 zwar aus, dass die konkrete Ausgestaltung der alten österreichischen Importregelung gemeinschaftsrechtswidrig ist, der EuGH hat jedoch auch festgehalten, dass *„der Schutz von Büchern als Kulturgut als zwingendes Erfordernis des Allgemeininteresses angesehen werden [kann], das geeignet ist, Maßnahmen zu rechtfertigen, die die Freiheit des Warenverkehrs beschränken, sofern mit ihnen das gesetzte Ziel erreicht werden kann und sie nicht über das hinausgehen, was für die Erreichung dieses Ziels erforderlich ist."*[48] 34

Damit ist durch die Entscheidung *Fachverband der Buch- und Medienwirtschaft* das **Fundament für Buchpreisbindungsgesetze in der Europäischen Union** ganz entscheidend gefestigt worden. Durch das EuGH-Urteil steht nunmehr fest, dass selbst grenzüberschreitende Preisfestsetzungen aufgrund von nationalen Buchpreisbindungsgesetzen grundsätzlich mit europäischem Kartellrecht vereinbar sein können.[49] 35

Im Zusammenhang mit der **Novelle 2014** zum BPrBG alt[50] hat sich auch der österreichische **Gesetzgeber** intensiv mit der europarechtlichen Zulässigkeit der notwendigen Ausdehnung des Anwendungsbereichs des Buchpreisbindungsgesetzes auch auf den grenzüber- 36

47 OGH 13. 11. 2007, 4 Ob 172/07h, *Buchpreisbindung,* ÖBl 2008, 131 *(Gamerith)* = ecolex 2008, 156 *(Tonninger)* = MR 2007, 93; vgl auch *Obwexer,* Das österreichische Buchpreisbindungssystem auf dem Prüfstand des Gemeinschaftsrechts, EuR 2008, 736 sowie *Tonninger,* Buchpreisbindungsgesetz umgehend saniert, ecolex 2009, 969.

48 EuGH 30. 4. 2009, Rs C-531/07, *Fachverband der Buch- und Medienwirtschaft,* Rz 34, MR 2009, 164; vgl *Tonninger,* Buchpreisbindungsgesetz umgehend saniert, ecolex 2009, 970.

49 Vgl auch *Wallenfels/Russ,* Arbeitsbericht der deutschen Preisbindungstreuhänder 2009, 2f, http://www.preisbindungsgesetz.de/downloads/Arbeitsbericht_2009.pdf (zuletzt besucht am 23. 2. 2023).

50 Vgl BGBl I 2004/113.

schreitenden elektronischen Handel befasst. So führte der Gesetzgeber dazu Folgendes aus:

37 *„Seit dem Urteil des EuGH in der Rechtssache Fachverband der Buch- und Medienwirtschaft/LIBRO (EuGH Rs C-531/07, Slg. 2009, I-03717) sowie dem Urteil des EuGH in der Rechtssache Ker-Optika bt (EuGH Rs C-108/09, Slg. 2010, I-12213) stehen einer Aufnahme des grenzüberschreitenden Internethandels in den Anwendungsbereich des Buchpreisbindungsgesetzes keine unionsrechtlichen Gründe mehr entgegen. Dementsprechend wird die bisherige Ausnahme des grenzüberschreitenden Internethandels aus dem sachlichen Anwendungsbereich gestrichen. Damit werden ausländische und inländische Internethändler gleichgestellt sowie Rechtsunsicherheiten in Bezug darauf, welche Onlineaktivitäten noch als grenzüberschreitend qualifiziert werden könnten, beseitigt, wodurch auch Rechtssicherheit für die Anwendungspraxis geschaffen wird.*

Der EuGH hat in seinem Urteil in der Rechtssache Ker-Optika bt (EuGH Rs C-108/09, Slg. 2010, I-12213) bestätigt, dass der Online-Verkauf von Waren ein Dienst der Informationsgesellschaft ist und als solcher in den Anwendungsbereich der Richtlinie 2000/31/EG (Richtlinie über den elektronischen Geschäftsverkehr) fällt. Der EuGH hat in diesem Urteil aber auch die Grenzen des durch die Richtlinie für den elektronischen Rechtsverkehr koordinierten Bereichs determiniert und entschieden, dass gesetzliche Regelungen der Mitgliedstaaten, welche die Anforderungen betreffend die Lieferung von Waren umfassen, nicht unter den von der Richtlinie koordinierten Bereich fallen. Darüber hinaus hat der EuGH in der Rechtssache Ker-Optika bt unter Verweis auf sein Urteil in der Rechtssache Deutscher Apothekerverband (EuGH Rs C-322/01, Slg. 2003, I-14887) festgehalten, dass eine nationale Maßnahme, die eine durch den Verkauf von Waren über das Internet und deren Lieferung zum Verbraucher nach Hause gekennzeichnete Modalität betrifft, ausschließlich nach den Vorschriften des freien Warenverkehrs und somit den Art. 34 und 36 AEUV zu prüfen ist. Das Buchpreisbindungsgesetz regelt Modalitäten des Verkaufs von Büchern. Das hat der EuGH in der Rechtssache Fachverband der Buch- und Medienwirtschaft/LIBRO bestätigt. Dementsprechend fällt das Gesetz nicht in den durch die Richtlinie über den elektronischen Rechtsverkehr koordinierten Bereich. In der Vergangenheit geäußerte Bedenken, dass die Aufnahme des grenzüberschreitenden Internethandels unionsrechtlich unzulässig sein könnte, sind nach der in der Zwischenzeit ergangenen Rechtsprechung des EuGH somit unbegründet."[51]

Zu erwähnen ist, dass Einwände bezüglich der Unionskonformität des BPrBG alt im Detail vom **OLG Wien im Jahr 2017** im Zusammenhang mit der Bestätigung eines Unterlassungsurteils gegen einen deutschen Versandhändler überprüft wurden. Das OLG Wien hat nach umfangreicher Begründung Folgendes zusammenfassend festgehalten: „*Die Maßnahmen des BPrBG gehen daher auch nicht über das hinaus, was zur Erreichung des Ziels des BPrBG erforderlich ist. Sie sind somit durch zwingende Interessen des Allgemeininteresses gerechtfertigt und auch für die Beklagte bindend.*"[52] Das OLG Wien geht in dieser Entscheidung auch schon darauf ein, dass diese Beurteilung auch nicht im Widerspruch mit der Entscheidung *Deutsche Parkinson Vereinigung* des Europäischen Gerichtshofs[53] stehe und begründet dies damit, dass „*das vom deutschen Arzneimittelgesetz verfolgte Ziel, das – anders als hier – gerade nicht im Erhalt der Vielfalt in der Herstellung oder im Vertrieb der betroffenen Waren, sondern im Schutz der Gesundheit und des Lebens von Menschen bestand, durch einheitliche Apothekenabgabepreise nicht erreicht werden konnte.*"[54] 38

Hinsichtlich der Ausdehnung des Anwendungsbereichs des Buchpreisbindungsgesetzes auf E-Books durch die Novelle 2014 zum BPrBG alt finden sich in den Materialien die folgenden schlüssigen Ausführungen: 39

„Bei E-Books steht der digitale Inhalt im Vordergrund. Im Hinblick auf die Grundfreiheiten der EU sind E-Books als „Ware" zu qualifizieren. Dementsprechend unterliegen sie den selben unionsrechtlichen Grundsätzen wie gebundene Bücher. Da seit der Anpassung des Buchpreisbindungsgesetzes an die Vorgaben des EuGH keine unionsrechtlichen Bedenken gegen das derzeit normierte System der Preisbindung deutschsprachiger Bücher bestehen, ist die ausdrückliche Aufnahme

51 Bericht des Kulturausschusses, 316. der Beilagen zu den Stenographischen Protokollen des Nationalrates 25. GP, Allgemeiner Teil.

52 OLG Wien 31. 7. 2017, 4 R 22/17k.

53 EuGH 19. 10. 2016, Rs C-148/15, *Deutsche Parkinson Vereinigung.*

54 OLG Wien 31. 7. 2017, 4 R 22/17k.

von E-Books in den Anwendungsbereich des Buchpreisbindungsgesetzes ebenfalls unionsrechtlich unbedenklich.“[55]

40 Zur Begründung der Zulässigkeit der grenzüberschreitenden Preisbindung von E-Books (zumindest in Bezug auf E-Books, die in dem Staat verlegt werden, der eine solche Regelung vorsieht) kann weiters auf die **Rechtslage in Frankreich** verwiesen werden. Dort wurde im Jahr 2011 eine entsprechende Regelung in Kraft gesetzt, ohne dass die Kommission deswegen ein Vertragsverletzungsverfahren gegen Frankreich eingeleitet hätte.[56]

41 Wie von *Wallenfels/Russ*[57] sehr detailliert dargestellt, überzeugt auch die von der französischen Regierung formulierte Stellungnahme gegenüber der Kommission („Proposition de loi relative au prix du livre numérique“, Notification no 2010/616/F), die im Vorfeld Bedenken gegen das Gesetzesvorhaben geäußert hatte. Zu einer möglichen Verletzung der Niederlassungsfreiheit (Art 49 AEUV) wies die französische Regierung darauf hin, dass – wie bereits die Preisbindung für gedruckte Bücher zeige – ausländische Unternehmen unabhängig von der Wahl des Ortes ihrer Niederlassung nicht daran gehindert seien, dauerhaft in die betroffenen staatlichen Märkte vorzudringen.[58]

42 Hinsichtlich einer potenziellen Beschränkung der Dienstleistungsfreiheit führte die **Regierung Frankreichs** aus, dass sich ein Unternehmen wie *Amazon,* trotz Preisbindung und Marktführerschaft der französischen Buchhandelskette *FNAC,* zum Marktführer beim Verkauf gedruckter Bücher über das Internet etabliert habe. Durch seine Dominanz im Online-Handel habe somit vielmehr *Amazon* regionalen Buchhandlungen den Zugang zu diesem Markt erschwert. Sollte demnach überhaupt von grenzüberschreitenden Beschränkungen gesprochen werden können, seien diese jedenfalls nicht diskriminierend, entsprächen dem Schutz der kulturellen Vielfalt und damit einem zwingenden Grund des Allgemeininteresses, seien angemessen

55 Bericht des Kulturausschusses, 316. der Beilagen zu den Stenographischen Protokollen des Nationalrates 25. GP, Allgemeiner Teil.

56 Vgl *Wallenfels/Russ,* Preisbindungsgesetz^7 § 1 Rz 91.

57 *Wallenfels/Russ,* Preisbindungsgesetz^7 § 1 Rz 90ff.

58 *Wallenfels/Russ,* Preisbindungsgesetz^7 § 1 Rz 91.

und zur Umsetzung des angestrebten Ziels geeignet, ohne darüber hinaus zu gehen.[59]

Weiters hält die französische Regierung fest, dass auch die E-Commerce-RL verlange, dass Mitgliedstaaten nicht an Maßnahmen gehindert werden dürften, um soziale, kulturelle und demokratische Ziele unter Berücksichtigung ihrer sprachlichen Vielfalt, der nationalen und regionalen Besonderheiten sowie ihres Kulturerbes zu erreichen.[60] **43**

Die von der Kommission besonders kritisch beurteilte – grenzüberschreitend verankerte – Verpflichtung zur Einhaltung von Verkaufspreisen rechtfertigt die französische Regierung damit, dass anderenfalls Händler, die außerhalb der nationalen Grenzen ansässig sind, geringeren Verpflichtungen als französische Händler unterliegen würden, obwohl es sich bei diesen ausländischen Händlern regelmäßig um multinationale Konzerne mit Monopolbestrebungen handle, deren Vorgangsweise die schöpferische Tätigkeit gefährden würden.[61] **44**

Die Stellungnahme zieht sodann den Schluss, dass mögliche Beschränkungen der Niederlassungsfreiheit und des freien Dienstleistungsverkehrs nur eine begrenzte Tragweite und voraussichtlich keine spürbaren Auswirkungen auf den Handel zwischen den Mitgliedstaaten haben würden. Sollte die Kommission jedoch der Ansicht sein, dass das Gesetz die Niederlassungsfreiheit und den freien Dienstleistungsverkehr einschränkt, könnten diese Beschränkungen damit gerechtfertigt werden, ein Ziel des Allgemeininteresses zu verfolgen, nämlich den Schutz der kulturellen Vielfalt, wobei das Gesetz über den Preis digitaler Bücher notwendig, angemessen und verhältnismäßig sei, um dieses Ziel zu erreichen.[62] **45**

Eine **Entscheidung des EuGH zur deutschen Arzneimittelpreisbindung**[63] hat im Jahr 2016 gezeigt, dass der empirische Nachweis, dass die Buchpreisbindung eine geeignete Maßnahme ist, Bücher als Kulturgut zu schützen, auch für die Buchpreisbindung notwendig **46**

59 *Wallenfels/Russ,* Preisbindungsgesetz[7] § 1 Rz 92.
60 *Wallenfels/Russ,* Preisbindungsgesetz[7] § 1 Rz 93.
61 *Wallenfels/Russ,* Preisbindungsgesetz[7] § 1 Rz 95.
62 *Wallenfels/Russ,* Preisbindungsgesetz[7] § 1 Rz 96.
63 EuGH 19. 10. 2016, C-148/15, *Deutsche Parkinson Vereinigung.*

sein könnte, zumal in diesem Verfahren der EuGH die Preisbindung vor allem mit Verweis auf die mangelnde empirische Evidenz bezüglich der positiven Effekte als rechtswidrig eingestuft hatte.

47 Vor diesem Hintergrund wurde von *Kah/Neururer* **im Jahr 2019** eine **empirische Studie in Österreich** durchgeführt, welche im Rahmen eines natürlichen Experiments ergründete, ob der stationäre Buchhandel positive Nachfrageeffekte generiert und sich somit positiv auf die Verbreitung des Buchs als Kulturgut auswirkt.[64] Dazu wurde das Kauf- und Leseverhalten in demographisch vergleichbaren Orten mit und ohne stationäre Buchhandlung verglichen.

48 **Ergebnis der Studie** war, dass Studienteilnehmer in Orten mit stationärem Buchhandel vor Ort sowohl signifikant mehr Bücher im Jahr kaufen als auch signifikant mehr Bücher lesen als Studienteilnehmer in vergleichbaren Orten ohne stationären Buchhandel. Durch die Studie steht auch fest, dass die angeführten Effekte zur Förderung des Buches als Kulturgut auch nicht einmal ansatzweise durch Online-Angebote kompensiert werden können und die Buchhandlungen vielmehr eine wichtige, unersetzliche Funktion für die Vermittlung und Förderung des Buchs als Kulturgut haben.[65]

49 Somit ist jedoch durch die Studie empirisch auch nachgewiesen, dass der Schutz von Büchern als Kulturgut untrennbar mit einer Vielfalt im Buchvertrieb und einer großen Zahl von Verkaufsstellen verbunden ist. Entsprechend ist auch die Förderung einer Vielfalt im Buchvertrieb und einer großen Zahl von Verkaufsstellen eine geeignete Maßnahme zur Erreichung des Ziels der Sicherung eines breiten und qualitätvollen Angebots von Büchern zu angemessenen Buchpreisen und somit der Förderung von Büchern als Kulturgut.[66]

64 *Kah/Neururer,* Generiert der stationäre Buchhandel positive Nachfrageeffekte und verhilft dadurch dem Kulturgut Buch bei seiner Verbreitung? Ein natürliches Experiment, abrufbar unter: https://www2.uibk.ac.at/downloads/c4041030/wpaper/2019-15.pdf (zuletzt besucht am 23. 2. 2023).

65 *Kah/Neururer,* Generiert der stationäre Buchhandel positive Nachfrageeffekte und verhilft dadurch dem Kulturgut Buch bei seiner Verbreitung? Ein natürliches Experiment, 23 f, abrufbar unter: https://www2.uibk.ac.at/downloads/c4041030/wpaper/2019-15.pdf (zuletzt besucht am 23. 2. 2023).

66 Vgl auch ErläutRV 1743 BlgNR 27. GP 1.

Vor dem Hintergrund der Entscheidung des EuGH zur deutschen Arzneimittelpreisbindung[67] hat auch der **Börsenverein des Deutschen Buchhandels** ua ein ökonomisches Forschungsprojekt in Auftrag gegeben, dessen **empirische Ergebnisse** bei einer Pressekonferenz im November 2019 in **drei Kernthesen** wie folgt zusammengefasst wurden: **50**

„1. **Die Preisbindung garantiert ein breiteres Netz an unabhängigen Buchhandlungen und der stationäre Buchhandel wiederum fördert die Nachfrage nach Büchern.** *Nach der Abschaffung der Buchpreisbindung in Großbritannien Mitte der 1990er Jahre ist die Anzahl stationärer Buchhandlungen dort sehr viel stärker zurückgegangen als es im gleichen Zeitraum für Deutschland der Fall gewesen ist. Der unabhängige Bucheinzelhandel weist in Deutschland heute einen sehr viel größeren Marktanteil am Gesamtumsatz aus (30%) als dies in UK der Fall ist (5–10%). Gleichzeitig zeigen die Ergebnisse der ökonomischen Forschung, dass der stationäre Handel die Buchnachfrage fördert. So kann mehr als die Hälfte des Absatzrückgangs (ca. 3,5 Mio. Bücher) zwischen 2014 und 2017 durch die Schließung von Buchhandlungen erklärt werden. Die mit dem rückläufigen Trend in der Anzahl an stationären Buchhandlungen einhergehende gesunkene Nachfrage nach Büchern kann also nur zu einem gewissen Teil durch E-Books und den Online-Handel aufgefangen werden.*

2. **In Ländern mit Buchpreisbindung steigen die Buchpreise im Zeitablauf im Schnitt weniger stark an als in Ländern ohne Buchpreisbindung.** *Der Vergleich zwischen Deutschland (mit Buchpreisbindung) und UK (ohne Buchpreisbindung) zeigt, dass die Preise in Deutschland von 1996, dem Ende der Buchpreisbindung im Vereinigten Königreich, bis 2018 im Schnitt mit 29% deutlich weniger stark angestiegen sind als das im gleichen Beobachtungszeitraum in UK der Fall gewesen ist (80% Preisanstieg). Im Einzelnen sind die Preise für Bestseller in UK durch die Aufhebung der dortigen Buchpreisbindung aufgrund von Rabatten für Endkunden zwar relativ gesehen günstiger geworden, dennoch gleicht dies nicht die für alle Bücher erhöhte unverbindliche Preisempfehlung (UVP) aus, sodass diese im Durchschnitt teurer werden.*

---

67 EuGH 19. 10. 2016, C-148/15, *Deutsche Parkinson Vereinigung.*

3. **Die Buchpreisbindung fördert weniger bekannte Autorinnen und Autoren bzw. den Absatz von Titeln jenseits der Bestsellerlisten.** *Die Kernfrage zu dieser These war, welcher Absatzkanal entscheidend ist, damit Titel es in die Top-20-SPIEGEL- Bestsellerliste schaffen. Dazu wurden verschiedene Verkaufskanäle verglichen, indem der Absatz je Kanal (also E-Commerce und stationärer Handel) in der Woche betrachtet wurde, deren Verkäufe den Eintritt in die Top-20-Bestsellerliste bestimmen. Zusätzlich wurde die Schwelle für den Eintritt in die Top-20-Bestsellerliste berechnet (also im Prinzip die Anzahl verkaufter Exemplare für die Top-21), um zu überprüfen, auf wie viele abgesetzte Exemplare ein Titel insgesamt auch hätte verzichten können, um es trotzdem noch in die Top-20-Bestsellerliste geschafft zu haben. Betrachtet wurden dabei nur solche Titel, die frühstens 3 Wochen nach Veröffentlichung auf der Top-20-Bestsellerliste geführt wurden. Titel, die dies bereits innerhalb der ersten zwei Wochen geschafft hatten („Blockbuster"), wurden ausgeschlossen. Die dadurch gewonnen Ergebnisse zeigen, dass der stationäre Handel für 97,1% dieser 420 Titel unverzichtbar gewesen ist. Vereinfacht ausgedrückt kann man also feststellen, dass es der Großteil der in der Analyse mit eingebundenen Titel ohne den Vertriebskanal stationärer Handel gar nicht erst in die Top-20-Bestsellerliste des SPIEGELs geschafft hätte.*"[68]

51 Jedenfalls ist davon auszugehen, dass mittlerweile auch schon genügend empirische Evidenz zu den positiven Effekten der Buchpreisbindung zur Förderung des Allgemeininteresses, nämlich des **Schutzes von Büchern als Kulturgut,** vorliegt, um, sollte dies notwendig sein, auch empirisch nachzuweisen, dass die Buchpreisbindung als Maßnahme **zur Zielerreichung geeignet** ist.

2. Vereinbarkeit des BPrBG 2023 mit dem Unionsrecht

52 In den **Materialien zum BPrBG 2023** hat man sich insbesondere auch mit Vereinbarkeit des neuen Gesetzes mit dem Unionsrecht auseinandergesetzt. Allgemein wird darauf hingewiesen, dass das im neuen Buchpreisbindungsgesetz 2023 enthaltene Preisbindungs-

68 Bericht über Pressekonferenz zur Vorstellung der Ergebnisse des Buchpreisbindungsprojekts auf einer Pressekonferenz am 8. 11. 2019 in Berlin, abrufbar unter: https://www.uni-giessen.de/de/fbz/fb02/fb/professuren/vwl/goetz/aktuelles/PK_Buchprojekt (zuletzt besucht am 23. 2. 2023).

system im Verhältnis zum bisher geltenden Preisbindungssystem keinen wesentlichen Systembruch darstellt und dass es entsprechend mit dem Recht der Europäischen Union, insbesondere mit der Warenverkehrsfreiheit nach Art 34 AEUV, weiterhin vereinbar ist.[69]

Im Speziellen wird in den Materialen zum BPrBG 2023 einerseits begründet, dass das österreichische Buchpreisbindungssystem alle Voraussetzungen einer Verkaufsmodalität iSd *Keck*-**Rechtsprechung** erfüllt und daher von Art 34 AEUV nicht verboten ist und andererseits, dass die Maßnahme zur Erreichung des Ziels, Bücher als Kulturgut im Allgemeininteresse zu schützen, jedenfalls als geeignet anzusehen ist. **53**

Zur *Keck*-Rechtsprechung und deren Voraussetzungen wird in den Materialen zunächst festgehalten, dass die im Gesetz vorgesehene Buchpreisbindung sowohl für im Inland verlegte als auch für importierte Bücher, E-Books und Musikalien gilt und nicht die Waren als solche betrifft, sondern die Art des Verkaufs dieser Waren an Letztverbraucher, weshalb die Maßnahme auch als Verkaufsmodalität iSd *Keck*-Rechtsprechung des EuGH zu qualifizieren ist.[70] **54**

Sodann wird in den Materialen dargelegt, dass die Buchpreisbindung für alle Wirtschaftsteilnehmer gilt, die ihre Tätigkeit im Inland ausüben und durch die Buchpreisbindung der Absatz der inländischen Erzeugnisse und der Erzeugnisse aus anderen EU-Mitgliedstaaten rechtlich wie tatsächlich in der gleichen Weise berührt wird, weshalb auch **keine verbotene Beschränkung des freien Warenverkehrs** iSv Art 34 AEUV vorliegt.[71] **55**

Im Zusammenhang damit, dass es zum Schutz von Büchern als Kulturgut auch gerechtfertigt ist, den stationären Handel zu fördern, wird in den Materialen unter ausdrücklicher Bezugnahme auf die **empirische Studie von** *Kah/Neururer*[72] Folgendes ausgeführt: *„Der* **56**

69 ErläutRV 1743 BlgNR 27. GP 1.

70 ErläutRV 1743 BlgNR 27. GP 1.

71 Siehe im Detail ErläutRV 1743 BlgNR 27. GP 1.

72 *Kah/Neururer*, Generiert der stationäre Buchhandel positive Nachfrageeffekte und verhilft dadurch dem Kulturgut Buch bei seiner Verbreitung? Ein natürliches Experiment, abrufbar unter: https://www2.uibk.ac.at/downloads/c4041030/wpaper/2019-15.pdf (zuletzt besucht am 23. 2. 2023).

Schutz des Buches als Kulturgut ist überdies bereits als ein zwingender Grund des Allgemeininteresses in der Rechtsprechung des Europäischen Gerichtshofs anerkannt. Eine etwaige Beschränkung der Warenverkehrsfreiheit bzw. der Dienstleistungsfreiheit durch den grenzüberschreitenden gewerbs- oder geschäftsmäßigen Verkauf von Waren iSd § 2 an Letztverbraucher:innen in Österreich, kann daher unionsrechtlich gerechtfertigt werden. Dass der stationäre Buchhandel, der durch die gegenständliche Regelung gefördert werden soll, die Nachfrage nach Büchern steigert, ist mittlerweile auch empirisch belegt [. . .]. Insofern ist die Maßnahme zur Zielerreichung jedenfalls als geeignet anzusehen.“[73]

57 Offenbar geht auch die **Europäische Kommission** und gehen die anderen Mitgliedstaaten der Europäischen Union davon aus, dass das BPrBG 2023 **konform mit dem Unionsrecht** ist. So wurde das BPrBG 2023 in seiner Gesamtheit gemäß der Richtlinie (EU) 2015/1535 bei der Europäischen Kommission am 11. 8. 2022 ordnungsgemäß **notifiziert** und haben in der Stillhaltefrist weder die Europäische Kommission noch andere Mitgliedstaaten der Europäischen Union im Rahmen des Notifizierungsverfahrens irgendwelche Bedenken zur Unionsrechtskonformität des BPrBG 2023 geäußert.[74]

B. Buchpreisbindungsregelungen in anderen europäischen Ländern

58 Buchpreisbindungsregelungen wie in Österreich und Deutschland sind keinesfalls eine Besonderheit, die auf den deutschen Sprachraum beschränkt ist. Während es zwar keine Regelungen zur Bindung von Buchpreisen im anglo-amerikanischen Raum[75] gibt, sind **Buchpreisbindungsregelungen in Europa** durchaus verbreitet.[76]

59 So wurde in **Frankreich** bereits im Jahr 1981 auf Betreiben des damaligen Kulturministers Jack Lang ein Gesetz verabschiedet, das

73 ErläutRV 1743 BlgNR 27. GP 1.

74 Notifizierungsnummer 2022/542/A; s auch https://ec.europa.eu/growth/tools-databases/tris/de/search/?trisaction=search.detail&year=2022&num=542 (zuletzt besucht am 23. 2. 2023); s dazu im Detail § 12 „Notifikation“, Rz 1 ff.

75 So insbesondere nicht in Großbritannien, Irland und den USA.

76 Vgl *Hanreich/Kuschej/Grohall*, Buchpreisregelung in Europa (2010) 33 ff; vgl auch *Wallenfels/Russ*, Preisbindungsgesetz[7] § 1 Rz 73 ff.

Verleger und Importeure verpflichtet, Letztverkaufspreise für Bücher festzusetzen. Dieses – als „Loi Lang" bezeichnete – Gesetz diente in weiterer Folge nicht nur dem österreichischen Gesetzgeber, sondern auch einer Reihe anderer europäischer Staaten als Vorbild zur Verankerung eines gesetzlichen Regelwerks zur Preisbindung von Büchern.[77] Im November 2011 dehnte der französische Gesetzgeber das System der Buchpreisbindung schließlich auch auf E-Books aus und nahm sogleich zur unionsrechtlichen Zulässigkeit seines Vorgehens überzeugend Stellung.[78] Bemerkenswert ist die letzte notifizierte Änderung des französischen Buchpreisbindungsgesetzes durch das „Gesetz zur Stärkung der Buchwirtschaft und zur Stärkung der Gerechtigkeit und des Vertrauens zwischen ihren Akteuren" aus dem Jahr 2021, wodurch, zum Schutz des Bucheinzelhandels, Mindesttarife für den Versand von Büchern festgelegt werden können.[79]

In **Italien** erfolgte im Jahr 2005 ein Systemwechsel von einer zwi- **60**
schen dem Verleger- und dem Buchhändlerverband getroffenen Vereinbarung, die Fixpreise für Bücher sicherstellen sollte, hin zu einem Buchpreisbindungsgesetz nach dem Vorbild Frankreichs, Österreichs und Deutschlands.[80]

In **Spanien** konnte mit Verabschiedung eines neuen Buchpreisbin- **61**
dungsgesetzes im Jahr 2007 die zersplitterte Rechtslage bereinigt werden. Die von Verlegern verpflichtend festzusetzenden Preise sind – wie in Deutschland – als Fixpreise zu verstehen, was nicht nur ein Unter-, sondern auch ein Überschreiten dieser Preise unzulässig macht.[81]

Ein System der Fixpreise wurde mit 1. 1. 2005 auch in den **Nieder-** **62**
landen gesetzlich verankert. Der von Verleger oder Importeur festgesetzte Preis ist einer Medien-Kommission, der auch die Vollziehung des Gesetzes obliegt, bekannt zu geben, die diesen in weiterer Folge veröffentlicht.[82]

77 Vgl *Hanreich/Kuschej/Grohall*, Buchpreisregelung in Europa (2010) 43f.
78 Siehe dazu im Detail Vor § 1 „Buchpreisbindung und Europarecht", Rz 31ff.
79 Notifizierungsnummer 2021/351/F vom 17. 6. 2021.
80 Vgl *Hanreich/Kuschej/Grohall*, Buchpreisregelung in Europa (2010) 46.
81 Vgl *Hanreich/Kuschej/Grohall*, Buchpreisregelung in Europa (2010) 46.
82 Vgl *Hanreich/Kuschej/Grohall*, Buchpreisregelung in Europa (2010) 45f.

63 Auch in **Griechenland** und **Portugal** bestehen gesetzliche Regelungen, die eine Preisbindung von Büchern vorschreiben.

64 Wie aus einem kürzlich abgeschlossenen Notifikationsverfahren ersichtlich ist, soll die in **Norwegen** auf privatrechtlicher Basis organisierte Buchpreisbindung durch ein Buchpreisbindungsgesetz abgelöst werden.[83]

65 In **Dänemark** und **Ungarn** ist eine Buchpreisbindung noch immer auf privatrechtlicher Basis organisiert.[84]

66 Insgesamt kann man jedenfalls festhalten, dass in EU-Kontinentaleuropa Buchpreisbindungssysteme vorherrschend sind.

67 Ein Spezialfall im deutschen Sprachraum ist die **Schweiz,** in der die Buchpreisbindung mit dem Sammelrevers 1993 bis zum Jahr 2007 weiter gegolten hat. Diese vertraglich geregelte Buchpreisbindung wurde durch Entscheidung des Bundesgerichts vom 11. 3. 2007 aufgehoben. Die Bemühungen des Schweizer Buchhandels zur Einführung eines Buchpreisbindungsgesetzes nach europäischem Muster waren zunächst erfolgreich, scheiterten jedoch an einer Volksabstimmung:[85] Am 11. 3. 2012 lehnte eine Mehrheit von 56,1% der Schweizer die Einführung eines Buchpreisbindungsgesetzes ab.[86] Die Auswirkungen der Aufhebung der Buchpreisbindung sind zwar zu spüren, doch werden sie schon deshalb abgeschwächt, weil die Vielzahl der Bücher von der Schweiz aus Ländern mit bestehenden Preisbindungssystemen wie Deutschland, Frankreich und Österreich importiert wird, was den Schweizer Buchhandel schützt. Eine Rolle spielt auch der seit dem Jahr 2008 gegenüber dem Euro starke Schweizer Franken. Der Geschäftsführer vom Schweizer Buchhändler- und Verlegerverband berichtet in einem Rückblick im Jahr 2016 von schwierigen Jahren nach der Aufhebung der Buchpreisbindung und dass es häufiger Geschäftsschließungen und massive Umsatzeinbußen im Buchhandel gegeben hat, was auch durch die zusätzliche Konkurrenz durch den wachsenden Online-Handel durch ausländische Konzerne wie Amazon befeuert worden ist. Auch wenn der

83 Notifizierungsnummer 2022/9012/N vom 1. 9. 2022; vgl *Hanreich/Kuschej/Grohall,* Buchpreisregelung in Europa (2010) 47.

84 Siehe *Hanreich/Kuschej/Grohall,* Buchpreisregelung in Europa (2010) 47.

85 Vgl *Wallenfels/Russ,* Preisbindungsgesetz[7] § 1 Rz 84.

86 Vgl *Wallenfels/Russ,* Preisbindungsgesetz[7] § 1 Rz 3, 84.

Druck auf das anspruchsvolle Buch bei den Verlagen groß sei, sei die Branche zäh und habe sich trotz enormer Schwierigkeiten gut gehalten.[87]

C. Effekte der Buchpreisbindung – vom Einzelhandel bis zur Preisentwicklung

Dem Kulturgut „Buch“ kommt auch im Internet-Zeitalter ein hoher Stellenwert zu. Entscheidend trägt dazu das **flächendeckende Netz an Buchhändlern** bei, dessen Aufrechterhaltung durch die Buchpreisbindung möglich wird. So bestanden mit 31. 12. 2022 in Österreich 1.366 Filialen im Buch- und Medienhandel sowie 1.658 Buch-, Kunst und Musikalienverlage.[88] Im Jahr 2021 hat es in Österreich, ohne Einrechnung von approbierten Schulbüchern, 12.157 Neuerscheinungen gegeben, was ein herausragendes Jahr ergibt, zumal die **Neuerscheinungen** in Österreich seit dem Jahr 2005 mit leichten Schwankungen rund um 8.000 jährlich liegen und die durchschnittliche Anzahl der Neuerscheinungen in den Jahren 2016–2020 beispielsweise 8.520 Titel pro Jahr betragen hat.[89] 68

Wie schon angeführt, kam im Jahr 2019 eine von *Kah/Neururer* 69
durchgeführte **empirische Studie** zum Ergebnis, dass in Orten mit stationärem Buchhandel vor Ort sowohl signifikant mehr Bücher im Jahr gekauft als auch signifikant mehr Bücher gelesen werden als in vergleichbaren Orten ohne stationären Buchhandel. Durch die Studie steht auch fest, dass die angeführten Effekte zur Förderung des

87 *Jan Baumann,* Der Buchhandel hat die Abschaffung der Buchpreisbindung überlebt, Artikel vom 19. 10. 2016, abrufbar unter: https://www.srf.ch/news/schweiz/der-buchhandel-hat-die-abschaffung-der-buchpreisbindung-ueberlebt#:~:text=%C2%ABDie%20aufgehobene%20Buchpreisbindung%20bietet%20auch,die%20Umsatzeinbussen%20wenigstens%20teilweise%20abgefedert. (zuletzt besucht am 23. 2. 2023).

88 *Wirtschaftskammer Österreich,* Buch- und Medienwirtschaft: Branchendaten, Februar 2023, 11; abrufbar unter: http://wko.at/statistik/BranchenFV/B_708.pdf?_gl=1*qrarzw*_ga*MTAwMjM3NDMwLjE2NjMwNz0MTA.*_ga_4YHGVSN5S 4*MTY3NzIzNjQ2Mi4xMy4wLjE2NzcyMzY0NjIuNjAuMC4w&_ga=2.221875098.386337484.1677236462-100237430.1663070410 (zuletzt besucht am 23. 2. 2023).

89 Vgl Statistik Austria, Bücher und Presse, abrufbar unter: https://www.statistik.at/statistiken/bevoelkerung-und-soziales/kultur/buecher-und-presse (zuletzt besucht am 23. 2. 2023).

Buchs als Kulturgut auch nicht ansatzweise durch Online-Angebote kompensiert werden können und die Buchhandlungen vielmehr eine wichtige, unersetzliche Funktion für die Vermittlung und Förderung des Buchs als Kulturgut haben.[90]

70 Für **Deutschland** wurden die Ergebnisse einer weiteren empirischen Studie im Jahr 2019 ua in der These zusammengefasst, dass die Preisbindung ein breiteres Netz an unabhängigen Buchhandlungen garantiert und der stationäre Buchhandel wiederum die Nachfrage nach Büchern fördert. Grundlage dieser These ist insbesondere ein Vergleich mit Großbritannien, aus dem sich ergibt, dass dort die Anzahl der stationären Buchhandlungen viel stärker als in Deutschland zurückgegangen ist, und dass in Deutschland der unabhängige Bucheinzelhandel einen sehr viel größeren Marktanteil aufweist, wodurch die Buchnachfrage gefördert wird.[91]

71 In Österreich wurde die **Konzentration im Buchhandel im Vergleich mit anderen Branchen und Ländern** in der Studie von *Hanreich/Kuschej/Grohall* aus dem Jahr 2010 analysiert: Die Konzentration im Buchhandel ist durch die Buchpreisbindung in Österreich weit geringer als in vergleichbaren Handelsbranchen wie beispielsweise dem Lebensmittelhandel. So werden im Lebensmittelhandel 80% der Geschäfte von fünf großen Handelsketten betrieben, welche 88% des Gesamtumsatzes erzielen, während im Buchhandel hingegen lediglich 28% der Geschäfte im Eigentum von fünf Ketten stehen, die 29% des Umsatzes machen. In Wien sind knapp zwei Drittel der Geschäfte Einzelbuchhandlungen.[92]

---

90 *Kah/Neururer,* Generiert der stationäre Buchhandel positive Nachfrageeffekte und verhilft dadurch dem Kulturgut Buch bei seiner Verbreitung? Ein natürliches Experiment, 23f, abrufbar unter: https://www2.uibk.ac.at/downloads/c4041030/wpaper/2019-15.pdf (zuletzt besucht am 23. 2. 2023); Details dazu s Vor § 1 „Buchpreisbindung und Europarecht“, Rz 31ff.

91 Bericht über Pressekonferenz zur Vorstellung der Ergebnisse des Buchpreisbindungsprojekts auf einer Pressekonferenz am 8. 11. 2019 in Berlin, abrufbar unter: https://www.uni-giessen.de/de/fbz/fb02/fb/professuren/vwl/goetz/aktuelles/PK_Buchprojekt (zuletzt besucht am 23. 2. 2023), Details dazu s Vor § 1 „Buchpreisbindung und Europarecht“, Rz 31ff.

92 Vgl *Hanreich/Kuschej/Grohall,* Buchpreisregelung in Europa (2010) 100, 106.

Rein auf den Buchhandel bezogen haben die **10 größten Buchhändler** in Österreich einen Marktanteil von 40% und in Deutschland von 48%, während der Marktanteil der „Top 10 Buchhändler" im Vereinigten Königreich, wo es seit dem Jahre 1997 keine Buchpreisbindung mehr gibt, 67% ausmacht.[93] Durch ein breites Netz an Buchhandlungen wird jedoch auch begünstigt, dass diese Buchhandlungen bei einer größeren Anzahl von Verlagen einkaufen. Eine größere Anzahl von Verlagen begünstigt wiederum, dass eine breitere Palette von Büchern entsteht. **72**

Die Kleingliedrigkeit und damit die **Vielfalt der Buchbranche** in Österreich wird auch dadurch unterstrichen, dass von 1.616 in der Statistik für das Jahr 2021 der Buch- und Medienwirtschaft erfassten Unternehmen, 93,1% 0 bis 9 Beschäftigte aufweisen. Der Anteil an Unternehmen mit 10 bis 49 Beschäftigten beträgt 5,1%, während überhaupt nur 1,8% der erfassten Unternehmen über 50 Beschäftigte aufweisen.[94] **73**

Dabei wird auch das Ziel des BPrBG 2023 erreicht, für Konsumenten **angemessene Buchpreise** zu erhalten. Während man annehmen könnte, dass Preisbindungen zu überhöhten Preisen führen, ist dies gerade bei Büchern erwiesenermaßen nicht der Fall, was auch darin begründet ist, dass die Konkurrenz und der Preiskampf auf der Ebene der Verlage nicht ausgeschaltet ist und zudem die Buchpreisbindung eine konservierende Wirkung auf die Buchpreise hat, wodurch Preisanstiege verlangsamt werden. **74**

Dies wird dadurch belegt, dass die **Entwicklung der Buchpreise** in Österreich in den Jahren 2000–2007 stets unterhalb der allgemeinen Preissteigerungen lag. So sind die Buchpreise in Österreich im Verhältnis zum österreichischen Verbraucherpreisindex im Zeitraum 2000–2007 um 10,5% gesunken. Auch in Deutschland sanken die Buchpreise im Zeitraum 2000–2006 gegenüber dem dortigen Verbraucherpreisindex um über 5% während die Buchpreise im Verei- **75**

93 Vgl *Hanreich/Kuschej/Grohall,* Buchpreisregelung in Europa (2010) 106f.
94 *Wirtschaftskammer Österreich,* Buch- und Medienwirtschaft: Branchendaten, Februar 2023, 16, abrufbar unter: http://wko.at/statistik/BranchenFV/B_708.pdf?_gl=1*qrarzw*_ga*MTAwMjM3NDMwLjE2NjMwNzA0MTA.*_ga_4YHGVSN5S 4*MTY3NzIzNjQ2Mi4xMy4wLjE2NzcyMzY0NjIuNjAuMC4w&_ga=2.221875098.386337484.1677236462–100237430.1663070410 (zuletzt besucht am 23. 2. 2023).

nigten Königreich ohne Buchpreisbindung im Verhältnis zum Verbraucherpreisindex von 2000–2007 um mehr als 3% gestiegen sind.[95]

76 Auch seitdem sind die Preissteigerungen bei Büchern in Österreich im Vergleich zum allgemeinen Verbraucherpreisindex gesunken, wodurch davon auszugehen ist, dass der Lesestoff in den vergangenen Jahren insgesamt günstiger geworden ist.[96] So kostete beispielsweise im Jahr 2022 ein Buch in Österreich bei leicht sinkenden Absätzen im Durchschnitt € 15,32 gegenüber € 15,08 im Jahr 2021, was einem Zuwachs gegenüber dem Jahr zuvor von 1,6% entspricht und natürlich deutlich unter der durchschnittlichen Teuerungsrate gelegen ist. In den Jahren zuvor ergibt sich ein ähnliches Bild.[97]

95 Vgl dazu ausführlich *Hanreich/Kuschej/Grohall,* Buchpreisregelung in Europa (2010) 113f.

96 Vgl *Hauptverband des Österreichischen Buchhandels,* Der Buchmarkt in Österreich 2014, 3.

97 Vgl *Hauptverband des Österreichischen Buchhandels,* Österreichischer Buchmarkt 2022: Steigende Preise, sinkende Absätze, abrufbar unter: https://buecher.at/oesterreichischer-buchmarkt-2022-steigende-preise-sinkende-absaetze/ (zuletzt besucht am 23. 2. 2023).

Ziel

§ 1. Dieses Bundesgesetz dient dem Schutz von Büchern als Kulturgut. Es soll ein breites und qualitätvolles Angebot von Büchern, zu angemessenen Buchpreisen für die Öffentlichkeit sichern. Unter Bedachtnahme auf die betriebswirtschaftlichen Gegebenheiten des Buchhandels soll durch die Festsetzung von Mindestpreisen für die Veräußerung an Letztverbraucherinnen und Letztverbraucher die hierfür nötige Vielfalt im Buchvertrieb durch eine große Zahl von Verkaufsstellen gewährleistet werden.

Stammfassung.

Übersicht

I. Verhältnis zum BPrBG alt

Während das BPrBG alt nur darauf abgestellt hat, die Preisgestaltung von Büchern zu regeln, wurden weitere Ziele im Gesetz selbst noch nicht erwähnt. Der Gesetzgeber hat sich aber dennoch zu den Zielen der Buchpreisbindung bereits im Rahmen der Novellen im Jahr 2009 und 2014 zum BPrBG alt geäußert, in dem in der parlamentarischen Debatte zur Novelle 2014 insbesondere hervorgekommen ist, dass der Schutz des Buchs als Kulturgut untrennbar mit der Sicherstellung einer großen Vielfalt im Buchvertrieb verknüpft ist. **1**

Auch die höchstgerichtliche Rechtsprechung hat die **immanenten Ziele** der Buchpreisbindung schon unter dem BPrBG alt berücksichtigt, indem der Oberste Gerichtshof beispielsweise in seiner vielfach beachteten Entscheidung *T-Bücher* ausgesprochen hat, dass bei der Auslegung von Preisbindungsgesetzen grundsätzlich von einer wirtschaftlichen Betrachtungsweise auszugehen ist und dass dabei das zentrale Anliegen des Gesetzes zu berücksichtigen ist, einen Preiswettbewerb zwischen Buchhändlern zum Schutz der Bücher- **2** vielfalt und der Versorgung der Bevölkerung mit Büchern zu verhindern.[1]

3 Mit dem BPrBG 2023 wurde nunmehr eine eigene **Zielbestimmung** als § 1 BPrBG 2023 vorangestellt, welche bezüglich der Preisbildung durch die Bezugnahme darauf, dass bei der Preisfestsetzung auch *„auf die betriebswirtschaftlichen Gegebenheiten des Buchhandels“* Bedacht zu nehmen ist, auch noch Fragmente des § 1 BPrBG alt enthält.

II. Die neue Zielbestimmung des BPrBG 2023

A. Hintergrund und Ziele

4 Der **EuGH** hat in seiner wegweisenden **Entscheidung Fachverband der Buch- und Medienwirtschaft am 30. 4. 2009**[2] festgehalten, dass *„der Schutz von Büchern als Kulturgut als zwingendes Erfordernis des Allgemeininteresses angesehen werden [kann], das geeignet ist, Maßnahmen zu rechtfertigen, die die Freiheit des Warenverkehrs beschränken, sofern mit ihnen das gesetzte Ziel erreicht werden kann und sie nicht über das hinausgehen, was für die Erreichung dieses Ziels erforderlich ist.“*

5 Wie schon erwähnt, wurde durch eine Entscheidung des **EuGH zur deutschen Arzneimittelpreisbindung im Jahr 2016**[3] nahegelegt, dass der empirische Nachweis, dass die Buchpreisbindung eine geeignete Maßnahme ist, Bücher als Kulturgut zu schützen, auch für die Unionsrechtskonformität der Buchpreisbindung notwendig sein könnte, zumal in diesem Verfahren der EuGH die Preisbindung vor allem mit Verweis auf die mangelnde empirische Evidenz bezüglich der positiven Effekte als rechtswidrig eingestuft hatte.

6 Diese **empirische Evidenz** wurde, wie schon im Detail ausgeführt, durch die **Studie** *Kah/Neururer* geschaffen, die im Jahr 2019 ein natürliches Experiment durchgeführt haben, im Zuge dessen insbesondere das Kauf- und Leseverhalten in demographisch vergleichbaren

1 OGH 24. 10. 2019, 4 Ob 85/19g, ÖBl 2020, 223 *(Majchrzak)* = ecolex 2020/62, 124 *(Tonninger)*.

2 EuGH 30. 4. 2009, Rs C-531/07, *Fachverband der Buch- und Medienwirtschaft*, Rz 34, MR 2009, 164; vgl *Tonninger*, Buchpreisbindungsgesetz umgehend saniert, ecolex 2009, 970.

3 EuGH 19. 10. 2016, C-148/15, *Deutsche Parkinson Vereinigung*.

Orten mit und ohne stationäre Buchhandlung verglichen wurde.[4] Die Studie kam zum Ergebnis, dass Studienteilnehmer in Orten mit stationärem Buchhandel vor Ort sowohl signifikant mehr Bücher im Jahr kaufen als auch signifikant mehr Bücher lesen als Studienteilnehmer in vergleichbaren Orten ohne stationären Buchhandel und dass diese Effekte zur Förderung des Buchs als Kulturgut auch nicht einmal ansatzweise durch Online-Angebote kompensiert werden können.[5]

Entsprechend ist durch die Studie *Kah/Neururer* auch empirisch nachgewiesen, dass der Schutz (und die Förderung) von Büchern als Kulturgut untrennbar mit einer Vielfalt im Buchvertrieb und einer großen Zahl von Verkaufsstellen verbunden ist, weshalb dies als Ziel nunmehr auch explizit in das BPrBG 2023 aufgenommen wurde.[6] 7

B. Das Bekenntnis des Gesetzgebers zur Buchpreisbindung durch das BPrBG 2023

Der Nationalrat hat sich allein schon durch die einstimmige Beschlussfassung des BPrBG 2023 eindrucksvoll zur Buchpreisbindung und deren Zielen bekannt. Dabei ist schon bemerkenswert, dass der Gesetzgeber, anders als bei den Novellen 2009 und 2014 zum BPrBG alt nicht bloß auf eine Gerichtsentscheidung zu reagieren hatte, um das Gesetz zu modernisieren. Beim BPrBG 2023 war es dem Gesetzgeber, wie aus vielen Debattenbeiträgen hervorgeht, insbesondere wichtig, auch im Gesetz festzuhalten, dass der **Schutz von Büchern als Kulturgut untrennbar mit der Sicherstellung einer großen Vielfalt im Buchvertrieb verknüpft** ist. Von den sich vielfach in- 8

4 *Kah/Neururer,* Generiert der stationäre Buchhandel positive Nachfrageeffekte und verhilft dadurch dem Kulturgut Buch bei seiner Verbreitung? Ein natürliches Experiment, abrufbar unter: https://www2.uibk.ac.at/downloads/c4041030/wpaper/2019-15.pdf (zuletzt besucht am 23. 2. 2023); Details dazu s Vor § 1 „Buchpreisbindung und Europarecht", Rz 31 ff.

5 *Kah/Neururer,* Generiert der stationäre Buchhandel positive Nachfrageeffekte und verhilft dadurch dem Kulturgut Buch bei seiner Verbreitung? Ein natürliches Experiment, 23 f, abrufbar unter: https://www2.uibk.ac.at/downloads/c4041030/wpaper/2019-15.pdf (zuletzt besucht am 23. 2. 2023).

6 Vgl auch ErläutRV 1743 BlgNR 27. GP 1.

haltlich überschneidenden Debattenbeiträgen kann in diesem Zusammenhang nur jeweils ein kurzer Ausschnitt als Stimmungsbild wiedergegeben werden:

9 Wie die Vorsitzende des Kulturausschusses, Mag. *Eva Blimlinger* (Grüne) betonte, ist das „*Buch [. . .] ein wirklich hohes Kulturgut, ein Kulturgut, das geschützt werden muss*". Zum Gesetz führt Sie aus: „*Während Corona hat sich gezeigt, dass einzelne kleine Änderungen betreffend Buchpreisbindung notwendig sind – diese sind jetzt eingearbeitet worden –, da geht es vor allen Dingen um Punkte, die im Zusammenhang mit dem Online- und Versandhandel stehen. Wir wollen damit sicherstellen, dass wir die lokalen und regionalen Buchhandlungen schützen.*"[7]

10 *Maria Großbauer* (ÖVP) wies darauf hin, dass uns die Pandemie klar vor Augen geführt hat, „*wie wichtig Bücher und der Buchhandel, vor allem die vielen kleinen Buchhandlungen in allen entlegenen Ortschaften in ganz Österreich – nicht nur die Onlineriesen – sind. Buchhandlungen sind nicht nur Verkaufsflächen, sondern Buchhandlungen sind soziale Orte der Begegnung, Orte für Lesungen, Diskussionen, Orte des Schmökerns – ein äußerst anregender Zeitvertreib in echten Räumen mit echten Dingen.*" Sie weist auch auf die Ergebnisse der Studie der Universität Innsbruck und ua darauf hin, dass der „*positive Nachfrageeffekt durch einen stationären Buchhandel [. . .] generell einen positiven Einfluss auf das Leseverhalten*" hat und dass „*in Orten ohne einen stationären Buchhandel [. . .] das fehlende physische Angebot an Büchern nämlich nicht durch die Möglichkeit einer Buchleihe kompensiert wird*".[8]

11 *Thomas Spalt* (FPÖ) wies darauf hin, dass „*die Buchpreisbindung ein etabliertes und wichtiges Schutzinstrument für das Kulturgut Buch*" ist und führt in diesem Zusammenhang zur Buchpreisbindung aus: „*Sie schützt Verleger und Autoren und sie ist auch eine wichtige Geschäftsgrundlage für unsere Buchhandlungen im täglichen Konkurrenzkampf gegen Onlineriesen, die, wie wir ja alle wissen, ihren Sitz zumeist im steuerbegünstigten Ausland haben.*"[9]

---

7 Vgl 27. GP, Stenographisches Protokoll der 185. Sitzung des NR.
8 Vgl 27. GP, Stenographisches Protokoll der 185. Sitzung des NR.
9 Vgl 27. GP, Stenographisches Protokoll der 185. Sitzung des NR.

Sabine Schatz (SPÖ) hob hervor, dass „*die Buchpreisbindung an sich wirklich ein wichtiges Instrument für die Erhaltung und die Vielfalt des deutschsprachigen Buchmarktes ist*", um sodann Folgendes auszuführen: „*Wir sehen es am Beispiel der deutschsprachigen Schweiz, in der die Buchpreisbindung aufgehoben wurde und tatsächlich ganz viele Buchhandlungen letztendlich schließen mussten, weil sie nicht mehr in der Lage waren, mit den Preisen der Onlineriesen, des Versandhandels, der Versandriesen entsprechend mithalten zu können. Deswegen ist die Buchpreisbindung wichtig, denn: Es geht um die Vielfalt der Buchhandlungen, es geht um die viel zitierte Buchhandlung ums Eck [. . .].*"[10] 12

Mag. *Julia Seidl* (NEOS) führte aus, dass sich Liberale mit der Festlegung von Preisen zwar grundsätzlich immer schwer tun, dass jedoch die NEOS nie gegen die Buchpreisbindung waren und sich zum Kulturgut Buch bekennen. Sie führt sodann Folgendes aus: „*Gerade diese Branche zeigt, dass dieses Instrument seit Jahren auch für Buchhändler:innen funktioniert, die so, selbst wenn sie klein sind, zumindest eine gewisse Chance haben, am Markt zu bestehen. Ein dichtes Netz an Buchhändlerinnen und Buchhändlern ist wichtig, damit ein niederschwelliger und leichter Zugang zu Büchern möglich ist. Damit ist das aus meiner Perspektive, aus kultur- und bildungspolitischer Sicht ein wichtiger Schritt, da damit sozusagen eine Grundversorgung mit dem Kulturgut Buch zur Verfügung gestellt wird. Wir sehen, auch in anderen europäischen Ländern wird durch diese Buchpreisbindung eine gewissen Vielfalt am Markt unterstützt. Zugleich schafft sie ein System, das Klarheit und Transparenz herstellt, vor allen Dingen auch für Autor:innen, denn die Honorare für Autor:innen orientieren sich ja tatsächlich prozentuell am Preis.*"[11] 13

Mag. *Maria Smodics-Neumann* (ÖVP) führte aus, dass die Buchpreisbindung „*die großen wie die kleinen Buchhandlungen gleichermaßen*", jedoch auch die damit verbundenen „*in Summe 3.045 Unternehmen in Österreich*" schützt.[12] 14

Staatssekretärin im Bundesministerium für Kunst, Kultur, öffentlichen Dienst und Sport, Mag. *Andrea Mayer* betonte, dass die gesetz- 15

10 Vgl 27. GP, Stenographisches Protokoll der 185. Sitzung des NR.
11 Vgl 27. GP, Stenographisches Protokoll der 185. Sitzung des NR.
12 Vgl 27. GP, Stenographisches Protokoll der 185. Sitzung des NR.

liche Buchpreisbindung *„seit ihrer Einführung im Jahr 2000 ein kulturpolitisches Erfolgsmodell darstellt."* *„Die Ziele, die wir mit dieser Maßnahme erreichen, sind, dass die Buchpreisbindung ein breites und qualitativ hochwertiges Angebot an Büchern fördert, da die festgelegten Mindestpreise Verlage ökonomisch in die Lage versetzen, auch Titel abseits des Mainstreams auf den Markt zu bringen. Sie ist weiters eine Absicherung für die Vielfalt im Vertrieb. Sie ist Voraussetzung dafür, dass kleine und spezialisierte Buchhandlungen trotz großer, wirtschaftlich übermächtiger Handelsketten und Versandhändler existieren können. Damit wird das Kernziel der Buchpreisbindung erreicht. Die Vielfalt und Qualität des Angebots und die große Anzahl an Buchhandlungen halten das Kulturgut Buch für Leserinnen und Leser zusätzlich zugänglich und breit attraktiv."*[13]

C. Vergleich mit Deutschland

16 Die **Zielsetzungen** des österreichischen BPrBG 2023 und des deutschen BuchPrG sind sicherlich **weitgehend identisch.** So regelt § 1 dBuchPrG den Gesetzeszweck, durchaus ähnlich wie das BPrBG 2023, wie folgt:

„Das Gesetz dient dem Schutz des Kulturgutes Buch. Die Festsetzung verbindlicher Preise beim Verkauf an Letztabnehmer sichert den Erhalt eines breiten Buchangebots. Das Gesetz gewährleistet zugleich, dass dieses Angebot für eine breite Öffentlichkeit zugänglich ist, indem es die Existenz einer großen Zahl von Verkaufsstellen fördert."

17 In der Begründung des dBuchPrG ist dies noch im Detail ausgeführt:

„Das Buch und der Buchdruck haben einen herausragenden Beitrag zum heutigen Stand der Kultur in unserer Gesellschaft geleistet. Die Preisbindung für Bücher im deutschsprachigen Kulturraum trägt entscheidend dazu bei, dass

- *eine große Vielfalt und Zahl von Titeln lieferbar ist,*
- *kulturell wertvolle Bücher verlegt werden, die nicht von vorneherein eine große Auflage erwarten lassen,*
- *Bücher überall zu gleichen Preisen erhältlich sind,*

13 Vgl 27. GP, Stenographisches Protokoll der 185. Sitzung des NR.

- *die Versorgung mit Büchern nicht nur in urbanen Zentren, sondern in der gesamten Fläche durch eine hohe Dichte breit sortierter Buchhandlungen gewährleistet ist und dass*
- *eine Fülle von kleinen und mittleren Verlagen besteht, die wiederum einer Vielzahl deutscher Autoren die Veröffentlichung ihrer Werke ermöglicht.*"[14]

Während im deutschen BuchPrG das Ziel der Existenz einer großen Zahl von Verkaufsstellen primär mit der Versorgung der Bevölkerung mit Büchern begründet ist, konnte der österreichische Gesetzgeber im BPrBG 2023 einen Schritt weiter gehen, da durch die Studie *Kah/Neururer* auch nachgewiesen ist, dass die Existenz von stationären Buchhandlungen dazu führt, dass mehr Bücher gekauft und auch mehr Bücher gelesen werden und diese Effekte auch nicht einmal ansatzweise durch Online-Angebote kompensiert werden können.[15] 18

D. Zusammenfassung

Durch diese – im Unterschied zum BPrBG alt neue – Zielbestimmung des BPrBG 2023 wird insbesondere zum Ausdruck gebracht, dass der Schutz von Büchern als Kulturgut untrennbar mit dem Schutz einer Vielfalt an Buchhandlungen und einer großen Zahl an Verkaufsstellen verknüpft ist, was mittlerweile auch durch eine empirische Studie nachgewiesen ist. Der Gesetzgeber hat sich auch in der Debatte im Nationalrat mit den Zielen der Buchpreisbindung auseinandergesetzt und durch die einstimmige Beschlussfassung des Gesetzes ein eindrucksvolles Bekenntnis zur Buchpreisbindung und deren Zielen abgegeben. 19

14 Begründung A Z 1 lit a, BT-Drucks 14/9196, 8.

15 *Kah/Neururer,* Generiert der stationäre Buchhandel positive Nachfrageeffekte und verhilft dadurch dem Kulturgut Buch bei seiner Verbreitung? Ein natürliches Experiment, 23f, abrufbar unter: https://www2.uibk.ac.at/downloads/c4041030/wpaper/2019-15.pdf (zuletzt besucht am 23. 2. 2023).

Anwendungsbereich

§ 2. Dieses Bundesgesetz gilt für den Verlag und den Import sowie den Handel mit deutschsprachigen Büchern, elektronischen Büchern (E-Books) und Musikalien.

Stammfassung.

Übersicht

I. Verhältnis zum BPrBG alt

Die Bestimmung entspricht wörtlich dem § 1 Satz 1 BPrBG alt. Der Gesetzgeber hat sich im BPrBG 2023 dazu entschlossen, den ursprünglichen § 1 BPrBG alt zu teilen, und dem Ziel und Zweck **1** des Gesetzes einerseits und dem **Anwendungsbereich** des Gesetzes andererseits einen eigenen Paragraphen zuzuordnen. So wird auch in den ErläutRV zum BPrBG 2023 festgehalten, dass der zur bisher geltenden Rechtslage nicht erweiterte Anwendungsbereich getrennt von den Zielsetzungen des Gesetzes nunmehr in § 2 geregelt wird.[1]

2 Jedenfalls ist die **Rechtsprechung** zum Anwendungsbereich des BPrBG alt ohne Einschränkung auf die neue Bestimmung des § 2 BPrBG 2023 **übertragbar.**

II. Anwendungsbereich des Gesetzes

3 Nach dem Wortlaut des Gesetzes erstreckt sich der Anwendungsbereich der Buchpreisbindung in Österreich auf **deutschsprachige Bücher, E-Books** und **Musikalien.**

A. Zum Begriff „Buch"

4 Die Rechtsprechung hat sich im Jahr 2013 erstmals mit der Frage auseinandergesetzt, was als **„Buch"** im Sinne des Gesetzes zu verstehen ist. Dabei hat der Oberste Gerichtshof in Bestätigung einer Entscheidung des Oberlandesgerichts Wien festgehalten, dass das Gesetz den Begriff „Buch" nicht definiert und damit der Begriff dahingehend auszulegen ist, dass hiervon jedenfalls alle Druckwerke erfasst sind, die in der Alltagssprache als „Bücher" bezeichnet werden.[2]

5 Ein Buch kann grundsätzlich als eine in einem Umschlag oder Einband durch Heftung oder Klammerung zusammengefasste Anzahl von bedruckten, beschriebenen oder leeren Papierblättern und Bogen definiert werden. Bücher sind demnach insbesondere solche mit festem Einband, aber auch Taschenbücher, Paperback-Ausgaben, Reader, Comics etc.[3] Auch durch ihre Inhalte geprägte Buchkalender sind preisgebunden, ebenso wie Lose-Blatt-Ausgaben.[4]

6 Der Begriff des Buchs wird im Zusammenhang mit der Buchpreisbindung darüber hinaus seit jeher branchenspezifisch verstanden, weshalb darin alle Werke erfasst sind, die von Verlagen hergestellt

1 Vgl auch ErläutRV 1743 BlgNR 27. GP 2.

2 Vgl OGH 17. 4. 2013, 4 Ob 55/13m, *Buch,* ÖBl 2013, 208 *(Gamerith)* = MR 2013, 191.

3 *Wallenfels/Russ,* Preisbindungsgesetz[7] § 2 Rz 2.

4 Vgl *Wallenfels/Russ,* Preisbindungsgesetz[7] § 2 Rz 2.

und/oder typischerweise über den Buchhandel vertrieben werden.[5] Vor dem Hintergrund dieser Interpretation können selbstverständlich nur solche Produkte unter den Anwendungsbereich des BPrBG 2023 subsumiert werden, die nicht ausdrücklich vom Anwendungsbereich des Gesetzes ausgenommen sind.

Der deutsche Gesetzgeber hat auf den Umstand, dass „Bücher" im Zusammenhang mit der Buchpreisbindung branchenspezifisch zu verstehen sind, bereits Rücksicht genommen. So hat er in dem gut zwei Jahre nach dem österreichischen BPrBG alt beschlossenen deutschen BuchPrG ausdrücklich Folgendes vorgesehen: 7

„Bücher im Sinne dieses Gesetzes sind auch 8

1. *Musiknoten,*
2. *kartographische Produkte,*
3. *Produkte, die Bücher, Musiknoten oder kartographische Produkte reproduzieren oder substituieren, wie zum Beispiel zum dauerhaften Zugriff angebotene elektronische Bücher, und bei Würdigung der Gesamtumstände als überwiegend verlags- oder buchhandelstypisch anzusehen sind sowie*
4. *kombinierte Objekte, bei denen eines der genannten Erzeugnisse die Hauptsache bildet."*[6]

Abgrenzungsfragen können sich auch zwischen Büchern und Zeitschriften ergeben, dies vor allem dann, wenn in Verlagen von Fachzeitschriften Bücher herausgebracht werden, die inhaltlich als auch etwa durch Aufmachung und/oder Hinweis auf dem Titel im Zusammenhang mit einer Fachzeitschrift stehen. Eine Ausnahme für solche Publikationen besteht nach österreichischer Rechtslage nicht. Aus diesem Grund sind – anders als in Deutschland, wo für Abonnenten einer Zeitschrift Sonderpreise eingeräumt werden können[7] – in Österreich auch für Bücher, die – inhaltlich als auch etwa durch Aufmachung und/oder Hinweis auf dem Titel – im Zusammenhang mit einer Fachzeitschrift stehen, die Regeln des BPrBG 2023 einzuhalten. 9

5 Vgl *Wirtschaftskammer Österreich,* Bundesgesetz über die Preisbindung bei Büchern, Kommentar und Gesetzestext, 2005.

6 Vgl § 2 Abs 1 dBuchPrG.

7 Vgl *Wallenfels/Russ,* Preisbindungsgesetz[7] § 5 Rz 17.

B. Die Preisbindung und Definition von „E-Book"

1. Rückblick

10 Ob **E-Books** auch in Österreich in den Anwendungsbereich des Gesetzes fallen, war bis zu deren expliziter Aufnahme in das BPrBG alt im Zuge der Novelle 2014[8] nicht unumstritten. Der Gesetzgeber konnte im Jahr 2000 naturgemäß noch nicht auf E-Books Bezug nehmen, weil man die Annäherung des E-Books an das Buch mit Hilfe von neuen Medien und E-Readern im Jahr 2000 einfach noch nicht absehen konnte.[9]

11 Tatsächlich hat schon vor der Novelle 2014 vieles für die Preisbindung von **E-Books** gesprochen, damit das Buch als Kulturgut auch wirksam geschützt werden kann, wie es der Gesetzgeber schon im Jahr 2009 eindrucksvoll als Ziel ausgegeben hat. Nur konsequent war somit die Argumentation, dass man – um den Zweck des Gesetzes zu erreichen – auch alle Produkte der Preisbindung unterstellt, die das Kulturgut Buch reproduzieren und substituieren und die überwiegend verlags- und buchhandelstypisch sind, wie es schon der ursprünglichen deutschen Regelung entsprochen hat.[10]

12 E-Books waren seit jeher klassische Beispiele für digitale Versionen (bloße digitale Kopien – Reproduktionen) von Originalbüchern,[11] wobei man mit elektronischen Lesegeräten (E-Readern) sogar versucht hat, sich dem Lesegefühl von Büchern anzunähern. Daher lag der Schluss nahe, dass ein E-Book, wie eine Hardcover- oder

8 BGBl I 2014/79.

9 Im Kulturausschuss nahm man zwar auf CD-ROMs Bezug, hat diese aber grundsätzlich aus der Preisbindung ausgenommen. Dabei hat man jedoch vielmehr an multimediale Inhalte gedacht als daran, dass neue Medien wie E-Books sich gezielt an das Buch annähern, um dieses zu substituieren. So hat der Kulturausschuss bezüglich zu Büchern beigegebener CD-ROMs festgehalten, dass das Gesetz in diesem Fall für das gesamte Angebot zur Anwendung kommt, weil *„in solchen Fällen in der Regel CD-ROMs bloß den Inhalt des Buches oder von Teilen des Buches wiedergeben oder ergänzen"*, vgl Bericht des Kulturausschusses, 113. der Beilagen zu den Stenographischen Protokollen des Nationalrates 21. GP, § 1.

10 Vgl auch *Wallenfels/Russ,* Arbeitsbericht der deutschen Preisbindungstreuhänder 2009, 6f, abrufbar unter: http://www.preisbindungsgesetz.de/downloads/Arbeitsbericht_2009.pdf (zuletzt besucht am 23. 2. 2023).

11 Unabhängig vom technischen Format.

Taschenbuch-Ausgabe, entsprechend als weitere Ausgabe eines Buchtitels zu sehen ist und der Preisbindung unterliegt.[12]

2. E-Books nach der Novelle 2014 des BPrBG alt und im BPrBG 2023

Durch die Novelle zur Modernisierung des BPrBG alt im Jahr 2014 **13** wurden auch deutschsprachige E-Books explizit in den Anwendungsbereich und in die Begriffsbestimmungen des BPrBG alt aufgenommen, wobei auch die Definition von elektronischen Büchern (E-Books) unverändert in das BPrBG 2023 übernommen wurde. Bei der **Definition** von elektronischen Büchern **(E-Books)** wird auf „Buchinhalte" abgestellt, um diese möglichst technologieneutral und zukunftsorientiert zu gestalten (s dazu im Detail § 3 Z 7 BPrBG 2023 und die Ausführungen dazu). Von den E-Books (somit den Buchinhalten) sind die elektronischen Lesegeräte zu unterscheiden, die selbst nicht der Preisbindung unterliegen.[13]

Gerade für den Verkauf von E-Books ist es besonders bedeutend, **14** dass das BPrBG 2023, ebenfalls schon seit der Novelle 2014 zum BPrBG alt, auch grenzüberschreitend für sämtliche Vertriebsformen von preisgebundenen Waren gemäß § 2 BPrBG 2023 gilt. Deshalb wurde es auch notwendig, unter den **Begriff „Importeur"** auch jeden zu subsumieren, der Bücher, E-Books und Musikalien *„gewerbsmäßig im grenzüberschreitenden Handel an Letztverbrauchinnen und Letztverbraucher in Österreich veräußert"*.[14]

Im Ergebnis bedeutet dies, dass Verleger und Importeure von **15** E-Books für diese dieselben gesetzlichen Voraussetzungen einhalten müssen wie für „normale Bücher". Dazu gehört insbesondere auch die ordnungsgemäße Festsetzung eines Mindestpreises, der von den Letztverkäufern (und auch den Verlagen selbst bei Direktverkäufen an Letztverbraucher) einzuhalten ist.[15]

12 Vgl *Tonninger,* Buchpreisbindung in Österreich § 1 Rz 9ff.

13 Vgl auch *Wallenfels/Russ,* Preisbindungsgesetz[7] § 2 Rz 10.

14 Vgl § 3 Z 2 BPrBG 2023.

15 Siehe dazu im Detail § 4 „Preisfestsetzung für unterschiedliche Ausgaben eines Buchtitels", Rz 10ff.

C. Was sind Musikalien?

16 Neben „Büchern“ und „E-Books“ unterstellt das BPrBG 2023 auch **„Musikalien“** ausdrücklich dem Anwendungsbereich der Preisbindung. Gemeint sind damit Musikalien im engeren Sinne, nämlich Druckerzeugnisse mit Noten von Werken der Musik in jeglicher Form, welche in der Alltagssprache meist einfach als Noten oder Musiknoten bezeichnet werden.

17 Somit deckt sich der Anwendungsbereich des BPrBG 2023 diesbezüglich mit jenem des dBuchPrG (§ 1 Abs 1 Z 1) obwohl dieses nicht auf „Musikalien“, sondern auf „Musiknoten“ abstellt.[16] 2009 waren auf dem deutschen Markt etwa 300.000 Notenausgaben lieferbar, jährlich erscheinen rund 7000 neu.[17]

D. Exkurs: Preisbindung für E-Books in Deutschland

18 Der deutsche Gesetzgeber hat schon im dBuchPrG 2002 vorgesehen, dass als Bücher auch Produkte anzusehen sind, *„die Bücher, Musiknoten oder kartographische Produkte reproduzieren oder substituieren und bei Würdigung der Gesamtumstände als überwiegend verlags- oder buchhandelstypisch anzusehen sind“*. Schon deshalb konnte man in **Deutschland** von vornherein gesicherter davon ausgehen, dass auch E-Books der Preisbindung unterliegen.[18] Dennoch gab es nach der Novelle 2014 zum (ö)BPrBG alt in Deutschland Bestrebungen nach dem österreichischen Vorbild einerseits E-Books explizit in den Anwendungsbereich des deutschen Preisbindungsgesetzes aufzunehmen und andererseits die Buchpreisbindung für den Online-Handel (insbesondere auch wegen E-Books) grenzüberschreitend zu gestalten, um Umgehungen der Preisbindung in Deutschland zu verhindern und um Rechtssicherheit zu schaffen.[19]

---

16 Vgl *Wallenfels/Russ,* Preisbindungsgesetz[7] § 2 Rz 3.

17 Siehe Börsenblatt H 17/2009, 38, zitiert nach Wikipedia für Musikalien, abrufbar unter: http://de.wikipedia.org/wiki/Musikalien (zuletzt besucht am 23. 2. 2023).

18 Vgl *Wallenfels/Russ,* Preisbindungsgesetz[6] § 2 Rz 9ff sowie *Wallenfels/Russ,* Arbeitsbericht der deutschen Preisbindungstreuhänder 2009, 4ff, abrufbar unter: http://www.preisbindungsgesetz.de/downloads/Arbeitsbericht_2009.pdf (zuletzt besucht am 23. 2. 2023).

19 *Sorge,* Wie Amazon ein Kulturgut bedroht, Cicero 2014, abrufbar unter: http://www.cicero.de/salon/online-bibliothek-wie-amazon-ein-kulturgut-bedroht/58331 (zuletzt besucht am 23. 2. 2023).

Diesen Wünschen ist der deutsche Gesetzgeber mit dem am 1. 9. 2016 in Kraft getretenen **2. Änderungsgesetz** nachgekommen, durch das ausdrücklich auch **E-Books** als *„zum dauerhaften Zugriff angebotene elektronische Bücher"* in das Gesetz aufgenommen wurden und die **Ausnahme für grenzüberschreitende Verkäufe gestrichen** wurde.[20] Durch die Klarstellung des Gesetzgebers sind jedenfalls nun auch in Deutschland jegliche Zweifel ausgeräumt, dass E-Books der Preisbindung unterliegen.[21] 19

III. Vertriebsformen

Durch die Streichung der Ausnahme für den **„grenzüberschreitenden elektronische Handel"** wurde mit der Novelle 2014 zum BPrBG alt sichergestellt, dass sämtliche – auch ausländische – Vertriebsformen von Büchern, E-Books und Musikalien bei Verkäufen an Letztverbraucher in Österreich der Buchpreisbindung unterliegen. Diese Regelung wurde in das BPrBG 2023 übernommen. 20

Eine diesbezüglich analoge Regelung besteht durch das 2. Änderungsgesetz seit dem 1. 9. 2016 auch in Deutschland, wo auch klargestellt wurde, dass der dortigen Preisbindung gewerbs- oder geschäftsmäßige Verkäufe von Büchern an Letztabnehmer in Deutschland unterliegen.[22] Somit haben beispielsweise österreichische Buchhändler und Verleger, die Bücher an Letztabnehmer in Deutschland verkaufen, für diese Verkäufe das dBuchPrG einzuhalten, während für deutsche Letztverkäufer, die Waren im Sinn des § 2 BPrBG 2023 an Letztverbraucher in Österreich veräußern, die österreichischen Regelungen zur Anwendung kommen. 21

Ausländische Letztverkäufer nach Österreich haben dabei nicht nur bestehende Mindestpreise zu beachten, sondern haben solche auch für Österreich festzulegen, wenn eine für Österreich gültige Preisfestsetzung nicht (mehr) vorliegt. Somit hat ein ausländischer Letztverkäufer beispielsweise einen Preis für ein deutschsprachiges E-Book festzulegen (und ist dabei allenfalls an die Preisfestsetzung im Verlagsstaat gebunden), falls eine Preisfestsetzung für dieses E- 22

20 Vgl § 2 Abs 1 Z 3 dBuchPrG und den gestrichenen § 4 BuchPrG.
21 Vgl auch *Wallenfels/Russ,* Preisbindungsgesetz[7] § 2 Rz 19.
22 Vgl § 3 BuchPrG.

Book in bzw für Österreich noch nicht erfolgt ist bzw in Österreich aktuell kein Mindestpreis (mehr) bekanntgemacht ist.[23]

IV. Grenzfälle der Preisbindung

A. Modernes Antiquariat

23 Die Fallgruppe der Bücher des sogenannten „modernen Antiquariats" wirft für die Rechtsanwender in der Praxis vielfach Fragen auf und führt zu Verständnisschwierigkeiten. Dies vor allem auch deswegen, weil sich die dieser Fallgruppe zugrunde liegende **Gesetzeslage in Österreich und Deutschland** in wesentlichen Punkten **voneinander unterscheidet.**

24 So ist im österreichischen BPrBG 2023 eine **Aufhebung von Ladenpreisen nicht vorgesehen,** weshalb deutschsprachige Bücher in Österreich, wenn keine Ausnahmebestimmung zur Anwendung kommt, grundsätzlich unbefristet preisgebunden bleiben. Im Gegensatz dazu sind gemäß § 8 dBuchPrG Verleger und Importeure in Deutschland berechtigt, die Preisbindung für Buchausgaben aufzuheben, deren Erscheinen mehr als 18 Monate zurückliegt. Zudem gibt es in Deutschland noch eine, dem BPrBG 2023 fremde, Sonderregelung für Bücher, die in einem Abstand von weniger als achtzehn Monaten wiederkehrend erscheinen oder deren Inhalt mit dem Erreichen eines bestimmten Datums oder Ereignisses erheblich an Wert verlieren.[24]

25 Während man somit in Deutschland unter „modernem Antiquariat" verlagsneue Bücher versteht, bei denen der Verlag die Preisbindung aufgehoben und diese Bücher zur **„Verramschung"** freigegeben hat, ist in Österreich eine Aufhebung der Preisbindung nicht vorgesehen. Dazu kommt, dass hierzulande viele dieser „Bücher des modernen Antiquariats" mangels ausreichender Lagerhaltung die Voraussetzungen der Ausnahmebestimmung für einen Lagerabverkauf gemäß § 7 Abs 3 (noch) nicht erfüllen und demnach die österreichischen

23 Siehe dazu im Detail § 5 „Möglichkeiten der Bekanntmachung – Referenzdatenbank VLB", Rz 8 ff.

24 Vgl § 8 Abs 2 dBuchPrG.

Preisbindungsregeln voll zur Anwendung kommen.[25] Diese uneinheitliche Situation in einem für viele Buchhändler durchaus bedeutendem Marktsegment führt unweigerlich zu **Problemen in der Praxis.**

Dabei kommt es vor, dass der ausländische Verlag bei der Aufhebung des Ladenpreises sogleich auch die weiteren Einträge für ein Werk in der Referenzdatenbank[26] löscht, wodurch vielfach auch keine Preismeldung für Österreich mehr besteht. Da jedoch in Österreich eine Preismeldung für deutschsprachige Bücher und E-Books zwingend vorgesehen ist, begeht ein Importeur solcher Bücher nach Österreich und somit auch jeder Letztverkäufer dieser Bücher nach Österreich[27] einen Preismeldeverstoß, wenn er für solche Bücher nicht erneut einen Mindestpreis festsetzt. Bei der **Preisfestsetzung** selbst besteht für den **Importeur** bei Büchern, deren Preis für den Verlagsstaat aufgehoben wurde und für die auch kein Preis vom Verlag für Österreich empfohlen wurde, Gestaltungsspielraum: Importeure können in diesen Fällen den Mindestpreis festsetzen, ohne an den vormals im Verlagsstaat geltenden Preis gebunden zu sein. **26**

Wenn die Preisaufhebung lediglich den Verlagsstaat betroffen hat und für Österreich die ursprüngliche (alte) Preismeldung nach wie vor fortbesteht, dann ist der Letztverkäufer an diesen Preis grundsätzlich auch bei Büchern des sogenannten modernen Antiquariats weiterhin gebunden. Im Einzelfall wird zu prüfen sein, ob der Letztverkäufer als Importeur der Bücher nach Österreich nicht selbst zu einer alternativen Preismeldung berechtigt ist und den Preis für das betreffende Werk nach seinen Bedürfnissen festsetzen kann.[28] **27**

25 Der Mindestpreis muss bereits vor mehr als 24 Monaten zum ersten Mal bekannt gemacht worden sein, wobei das betreffende Buch schon vor mehr als 6 Monaten an den Buchhändler geliefert worden sein muss. Damit die Ausnahme zur Anwendung kommen kann, sind solche Verkäufe seit dem in Kraft treten des BPrBG 2023 ausdrücklich auch als „Lagerabverkauf" anzukündigen; s dazu im Detail § 7 „Ausnahme Lagerabverkäufe", Rz 37 ff.

26 Siehe dazu im Detail § 5 „Möglichkeiten der Bekanntmachung – Referenzdatenbank VLB", Rz 8 ff.

27 Zu beachten ist der erweiterte Importeursbegriff nach der Novelle 2014 zum BPrBG alt, welcher auch in das BPrBG 2023 übernommen wurde; s dazu im Detail § 3 „Importeur", Rz 17 f.

28 Siehe dazu im Detail § 4 „Preisfestsetzung durch Importeure", Rz 36 ff.

28 Die Probleme durch die unterschiedliche Rechtslage in Deutschland und Österreich können nicht dadurch gelöst werden, indem man Bücher für oder in Österreich absichtlich „bemängelt", weil durch ein solches Vorgehen ein Buch nach österreichischem Recht nicht zum Mängelexemplar wird.[29] Auch die von ausländischen Verlegern und/oder Lieferanten vorgenommene Bemängelung (durch Kennzeichnung als **„Mängelexemplar"** etc), wie sie bei Büchern des modernen Antiquariats vielfach in Deutschland geschieht, hat auf die Verpflichtungen nach dem österreichischen BPrBG 2023 somit grundsätzlich keinen Einfluss.

B. Elektronische Medien mit multimedialen Inhalten

29 Durch die explizite Aufnahme von E-Books in den Anwendungsbereich des BPrBG alt im Zuge der Novelle 2014,[30] welche im BPrBG 2023 übernommen wurde, ist auch bei Beantwortung der Frage, ob **Medien mit multimedialen Inhalten** wie interaktiven Funktionen, Filmen, Ton und Musik, preisgebunden sind, primär auf die Definition von E-Books abzustellen. Fraglich ist somit insbesondere, ob ein solches Medium überhaupt digital abrufbare oder speicherbare Buchinhalte umfasst.

30 Insbesondere wenn es sich dabei um verlagstypische Angebote von Buchinhalten handelt,[31] und die multimedialen Faktoren im Verhältnis zum Text keine prägende, sondern eher nur veranschaulichende, die Wahrnehmung erleichternde oder sonst wie dienende Funktion haben, ist davon auszugehen, dass auch solche Medien der Preisbindung unterliegen. Beinhaltet ein Medium jedoch keine verlagstypische Buchinhalte und sind für das Medium tatsächlich visuelle oder akustische Komponenten prägend,[32] scheidet eine Preisbindung für ein solches Medium nach meiner Einschätzung aus. So sind beispielsweise auch **Hörbücher**[33] von der Buchpreisbindung ausgenommen, während E-Books jedenfalls auch dann der

29 Siehe dazu im Detail § 3 „Mängelexemplar", Rz 35 ff.

30 BGBl I 2014/79.

31 Bericht des Kulturausschusses, 316. der Beilagen zu den Stenographischen Protokollen des Nationalrates 25. GP, § 2 Z 7.

32 Vgl *Wallenfels/Russ,* Preisbindungsgesetz[7] § 2 Rz 23.

33 Siehe dazu im Detail § 2 „Hörbücher", Rz 41.

Preisbindung unterliegen, wenn sie mit zusätzlichen multimedialen Inhalten „angereichert“ sind.

C. Kombinationsprodukte

1. Buch und elektronisches Medium

Nicht selten werden **Bücher mit elektronischen Medien im Paket** verkauft. Beispiele dafür sind Computerbücher mit Demo-CDs oder Sprachlehrbücher mit Übungs-CDs. Die Preisbindung solcher Produkte ist immer dann anzunehmen, wenn das elektronische Medium nur Nebensache ist. Dies wird bei einer CD immer dann der Fall sein, wenn diese speziell für ein bestimmtes Buch gefertigt wurde, Inhalte des Buchs aufnimmt, auf den Inhalt des Buchs Bezug nimmt oder mit dem Inhalt abgestimmt ist, nicht selbständig handelbar und als bloße Zugabe und Veranschaulichung des gedruckten Textes zu beurteilen ist.[34] Anderes gilt für den Fall, wenn Computersoftware mit einem Handbuch verkauft wird. 31

2. Buch und eine weitere Ware als ein Produkt

Daneben kommt es insbesondere im Zusammenhang mit Kochbüchern immer wieder vor, dass Bücher mit anderen Produkten (zB Kochlöffeln, Nudeln, Backformen etc) kombiniert werden und nur in dieser **Kombination** erhältlich sind. Diesbezüglich stellt sich die Frage, ob solche Kombinationsprodukte überhaupt der Preisbindung unterliegen. Während es in Deutschland eine gesonderte Bestimmung für „kombinierte Objekte“ gibt,[35] fehlt im BPrBG 2023 für Österreich eine entsprechende Regelung. Große praktische Auswirkungen hat dies jedoch nicht. Bei Büchern, die ausschließlich in Kombination mit anderen Objekten angeboten werden, ist bezüglich der Preisbindung – analog zur Kombination Buch und CD – wesentlich, ob das **Buch Haupt- oder Nebensache** ist. Bei Kochbüchern wird regelmäßig das Buch Hauptsache und damit das Kombinationsprodukt preisgebunden sein. 32

34 Vgl *Wallenfels/Russ,* Preisbindungsgesetz[7] § 2 Rz 27 f, die zu Recht davon ausgehen, dass man durch diese steuerrechtlichen Definitionen zu sachgerechten Ergebnissen kommt.

35 § 1 Abs 2 Z 4 dBuchPrG, vgl *Wallenfels/Russ,* Preisbindungsgesetz[7] § 2 Rz 27 f.

3. Exkurs: Buch und sonstige Zugabe oder Buch als Zugabe

33 Während durch europarechtliche Vorgaben das österreichische Zugabenrecht weitgehend liberalisiert wurde, was schließlich in der Aufhebung des § 9a UWG mündete,[36] schlägt diese Liberalisierung mE auf **Zugaben zu preisgebundenen Büchern** schon vor dem Hintergrund der Systematik des BPrBG 2023 nicht durch. Wenn man nämlich eine Zugabe zu einem preisgebundenen Buch ankündigt, so entspricht dies vielmehr einer Ankündigung eines Rabatts auf dieses preisgebundene Buch, was jedoch gemäß § 7 Abs 2 BPrBG 2023 untersagt ist. Somit ist in der Praxis darauf zu achten, dass, wenn mehrere Produkte zu einem Gesamtpreis abgegeben werden, dieser Gesamtpreis zumindest den Mindestpreis (die Summe der Mindestpreise) der einzelnen darunter preisgebundenen Produkte nicht nur unerheblich übersteigt.

D. Kartografische Produkte

34 Während für **kartografische Produkte** (zB Atlanten, Landkarten, Globen) der ermäßigte Steuersatz wie für Bücher gilt,[37] diese auch traditionsgemäß preisgebunden waren und in der deutschen Regelung ausdrücklich der Preisbindung unterstellt wurden,[38] sind kartografische Produkte im Anwendungsbereich des § 2 BPrBG 2023 nicht aufgezählt.

35 Fraglich ist in diesem Zusammenhang, ob dabei eine planwidrige Regelungslücke vorliegt, die man mit Gesetzesauslegung schließen kann. Für eine solche Auslegung sprechen neben den eben aufgezählten Argumenten auch die Materialien zum BPrBG alt sowie zum BPrBG 2023, in denen – soweit ersichtlich – kartografische Produkte ebenso wenig Erwähnung finden. Auch dass für kartografische Produkte der ermäßigte Steuersatz gilt, kann als Indiz dafür gewertet werden, dass diese der Preisbindung unterliegen sollen.

36 Trotz Aufhebung der einschlägigen gesetzlichen Bestimmung sind Zugaben noch dann untersagt, wenn sie im Einzelfall irreführend, aggressiv oder sonst unlauter sind; vgl RIS-Justiz RS0126589.

37 Vgl § 10 Abs 2 Z 1a UStG iVm Anlage 1 Z 33.

38 § 2 Abs 1 Z 2 dBuchPrG.

E. Schulbücher

Schulbücher sind nur dann aus dem Anwendungsbereich des BPrBG 2023 ausgenommen, wenn sie im Rahmen der Schulbuchaktion verkauft werden.[39] Entsprechend unterliegen deutschsprachige Schulbücher, die außerhalb der Schulbuchaktion angeboten werden, ohne Einschränkungen dem BPrBG 2023. 36

Somit ist für jedes deutschsprachige Schulbuch, das auch **außerhalb der Schulbuchaktion** vertrieben wird, vom Verlag einerseits ein Mindestpreis nach den Bestimmungen des BPrBG 2023 festzulegen und bekanntzumachen. Andererseits haben Schulbuchverleger im Direktvertrieb, aber auch Buchhändler, diesen Mindestpreis entsprechend einzuhalten, wenn ein Buch außerhalb der Schulbuchaktion verkauft wird. Die Buchpreisbindung ist somit einzuhalten, wenn ein Lehrer oder eine schulfremde Person ein offiziell als Schulbuch zugelassenes Buch erwirbt. 37

Die früher vielfach gängige Praxis, Lehrern einen Rabatt von 20% auf preisgebundene Bücher (Schulbücher) zu gewähren, musste als ungesetzlich entsprechend aufgegriffen und abgestellt werden. Auch wenn ein Schüler während des Schuljahres ein Buch, das in der Schulbuchliste enthalten ist, in einer Buchhandlung oder direkt beim Verlag (und somit außerhalb der Schulbuchaktion) kauft, so fällt dies unter den Anwendungsbereich des BPrBG 2023 und unterliegt somit der Buchpreisbindung. 38

V. Welche Produkte sind nicht im Anwendungsbereich des BPrBG 2023 enthalten?

A. Fremdsprachige Bücher

Da sich das BPrBG 2023 ausdrücklich nur auf deutschsprachige Bücher und E-Books bezieht, sind fremdsprachige Bücher und E-Books vom Anwendungsbereich des BPrBG 2023 ausgenommen. Der Anwendungsbereich der deutschen Regelung unterscheidet sich diesbezüglich von der österreichischen Rechtslage, weil nach dem dBuchPrG fremdsprachige Bücher dann im Preis gebunden sind, 39

39 Vgl § 8 Abs 3 BPrBG 2023.

wenn diese überwiegend für den Absatz in Deutschland bestimmt sind.[40]

40 Als **„fremdsprachige Bücher"** werden jedoch auch nach der österreichischen Regelung nur solche Bücher zu verstehen sein, die fast ausschließlich in einer fremden Sprache verfasst sind.[41] So unterliegen beispielsweise zweisprachige Wörterbücher (zB Deutsch-Englisch) ebenso der Preisbindung wie Sprachlehrbücher mit deutschsprachigen Erklärungen.

B. Hörbücher

41 Nach dem Sinn des BPrBG 2023 fallen in dessen Anwendungsbereich auch solche elektronischen Medien, die Bücher nur reproduzieren und damit ersetzen, wobei primär darauf abzustellen ist, ob der Konsument die Inhalte noch liest oder sonst wahrnimmt und ob die multimedialen Inhalte dominieren oder nur untergeordnete Funktion haben.[42] Aus diesem Grund fallen **Hörbücher** nicht unter den Anwendungsbereich des BPrBG 2023, weil es hier allein auf die akustisch wahrnehmbare Wiedergabe ankommt, wenn auch der Text des Buchs in authentischer Fassung wiedergegeben wird.[43]

C. Gebrauchte Bücher

42 Anders als in der deutschen Regelung, in welcher ausdrücklich darauf hingewiesen wird, dass für gebrauchte Bücher der festgesetzte Preis nicht eingehalten werden muss, nimmt das BPrBG 2023 auf

40 Vgl dazu § 2 Abs 2 dBuchPrG: Auch in Deutschland unterliegen fremdsprachige Bücher grundsätzlich nicht der Preisbindung. Wenn jedoch Deutschland der Zielabsatzmarkt einer Publikation ist, sind auch fremdsprachige Bücher im Preis gebunden. *Wallenfels/Russ* (Preisbindungsgesetz[7] § 2 Rz 30) halten dazu fest, dass dies regelmäßig nur bei solchen Büchern der Fall sein wird, die an deutsches Publikum gerichtet sind, und zur Erlernung einer Fremdsprache dienen oder dabei unterstützen.

41 Vgl *Wallenfels/Russ*, Preisbindungsgesetz[7] § 2 Rz 30.

42 Siehe dazu im Detail § 2 „Elektronische Medien mit multimedialen Inhalten", Rz 29ff.

43 Der deutsche Gesetzgeber hat in diesem Zusammenhang ausdrücklich festgehalten, dass er Hörbücher als „buchnahe Multimediaprodukte" von der Preisbindung ausgeschlossen sehen will; so *Wallenfels/Russ*, Preisbindungsgesetz[7] § 2 Rz 23.

gebrauchte Bücher nicht eigens Bezug.[44] Dessen ungeachtet kann man davon ausgehen, dass sich bezüglich gebrauchter Bücher der Anwendungsbereich der Buchpreisbindung in Österreich und Deutschland nicht unterscheidet.

Wallenfels/Russ halten bezüglich gebrauchter Bücher für Deutschland richtig fest, dass der Begriff „gebraucht" als Rechtsbegriff und unabhängig vom Erhaltungszustand des Buchs zu sehen ist. Es kommt demnach nur darauf an, ob ein Buch bereits einmal die Vertriebskette des Buchhandels verlassen hat und zum Ladenpreis (Ö: Mindestpreis) verkauft wurde; auch ein mangelfreies oder gar originalverpacktes Buch gilt so nach dem **Kauf durch einen Letztverbraucher zum Mindestpreis** als „gebraucht", weshalb die Preisbindung auf dieses Buch, wenn der Letztverbraucher dieses Buch weiterverkaufen sollte, grundsätzlich nicht mehr zur Anwendung kommt.[45] Die in diesem Sinne „gebrauchten" Bücher dürfen von einem Händler auch nicht mehr als „neu" verkauft werden.[46] Zudem wäre es ohnehin als Umgehung und somit als Verstoß gegen das BPrBG 2023 zu werten,[47] wenn Bücher nur zum Zweck eines billigeren Weiterverkaufs von oder für einen Letztverkäufer zum Mindestpreis erworben werden. 43

Folglich sind Bücher, die, ohne dass sie verkauft worden sind, Gebrauchsspuren aufweisen und demnach als gebraucht wahrgenommen werden (beispielsweise abgegriffene Ansichtsexemplare), keine „gebrauchten Bücher" iSd Buchpreisbindungsregeln, sondern in der Regel Mängelexemplare, auf welche die für Mängelexemplare einschlägigen Bestimmungen des BPrBG 2023 zur Anwendung kommen.[48] 44

D. Antiquarische Bücher

Auch **antiquarische Bücher** fallen grundsätzlich nicht unter den Anwendungsbereich des BPrBG 2023. Dies wohl primär deshalb, 45

44 Vgl § 3 2. Satz dBuchPrG.

45 Vgl *Wallenfels/Russ,* Preisbindungsgesetz[7] § 3 Rz 55.

46 Vgl *Wallenfels/Russ,* Preisbindungsgesetz[7] § 3 Rz 55 unter Bezugnahme auf OLG Frankfurt 2004, NJW, 2098 f.

47 Siehe dazu im Detail § 3 „Der Begriff „Gewerbsmäßigkeit" im BPrBG 2023", Rz 5 ff.

48 § 3 Z 6 sowie § 8 Abs 1 Z 3 BPrBG 2023.

weil diese Bücher schon einmal zum damals geltenden Mindestpreis verkauft wurden und es sich daher um „gebrauchte Bücher" handelt. Auch wenn ein Buchhändler eine jahrzehntealte Palette von Büchern im Keller finden würde (also Bücher, die noch nicht verkauft wurden), kann der Verkauf dieser Bücher schon deshalb vom Buchpreisbindungsgesetz ausgenommen werden, weil in diesem Fall wohl die Ausnahmebestimmung des § 5 Abs 3 BPrBG 2023 bei entsprechender Ankündigung als „Lagerabverkauf" angewendet werden kann, weil die sonstigen Voraussetzungen für einen Lagerabverkauf erfüllt sind (der Mindestpreis wurde schon vor über 24 Monaten bekannt gemacht und die Bücher lagen schon über 6 Monate auf Lager).

46 Von den antiquarischen Büchern sind Bücher des sogenannten „modernen Antiquariats"[49] streng zu unterscheiden, bei denen man grundsätzlich davon ausgehen kann, dass diese noch voll in den Anwendungsbereich des BPrBG 2023 fallen.

E. Zeitungen, Zeitschriften und Kunstdrucke

47 Obwohl **Zeitungen, Zeitschriften** und **Kunstdrucke** ohne Zweifel Verlagsprodukte sind, fallen sie nicht unter den Anwendungsbereich des BPrBG 2023. Hinzuweisen ist jedoch darauf, dass diese Produkte in Österreich, ähnlich wie nach deutscher Rechtslage, bei Vereinbarungen über die Bindung der Letztverkäufer im Handel (wie auch bei Büchern und Musikalien) vom Kartellverbot des § 1 KartG 2005 ausgenommen sind,[50] weshalb diesbezüglich andere Regeln als die des BPrBG 2023 gelten.

F. Kalender, Ansichtskarten etc

48 **Kalender, Ansichtskarten, Spiel**- und **Glückwunschkarten** sind Verlagserzeugnisse, die zwar buchhandelstypisch sind, jedoch traditionell nicht der Preisbindung unterliegen. Diese Produkte fallen auch nicht, anders als beispielsweise kartografische Produkte, unter den ermäßigten Steuersatz, weshalb auch dieses Kriterium in der Praxis häufig für die erste Beurteilung herangezogen wird, ob ein Produkt der Preisbindung unterliegt.

---

49 Siehe dazu im Detail § 2 „Modernes Antiquariat", Rz 23ff.

50 Siehe § 2 Abs 2 Z 2 KartG; vgl auch *Lager/Petsche* in *Petsche/Urlesberger/Vartian*, KartG 2005^2 (2016) § 2 Rz 36.

Eine abschließende Beurteilung ist jedoch allein durch den Steuersatz jedenfalls nicht möglich. Dies wird schon im Zusammenhang mit E-Books offensichtlich, die der Preisbindung unterliegen und für die zumindest derzeit der ermäßigte Steuersatz noch nicht anwendbar ist. 49

Begriffsbestimmungen

§ 3. Im Sinne dieses Bundesgesetzes ist

1. Verlegerin oder Verleger, wer die Herausgabe, das Herstellen und das Verbreiten einer Ware im Sinne des § 2 gewerbsmäßig übernimmt;

2. Importeurin oder Importeur, wer eine Ware im Sinne des § 2 gewerbsmäßig zum Vertrieb nach Österreich einführt oder eine Ware im Sinne des § 2 gewerbsmäßig im grenzüberschreitenden Handel an Letztverbraucherinnen und Letztverbraucher in Österreich veräußert;

3. Letztverkäuferin oder Letztverkäufer, wer gewerbsmäßig Waren im Sinne des § 2 an Letztverbraucherinnen und Letztverbraucher veräußert;

4. Letztverbraucherin oder Letztverbraucher, wer eine Ware im Sinne des § 2 zu anderen Zwecken als zum Weiterverkauf erwirbt;

5. Mindestpreis der Verkaufspreis inklusive Umsatzsteuer, der nicht unterschritten werden darf;

6. Mängelexemplar eine Ware im Sinne des § 2, die versehentlich verschmutzt oder beschädigt worden ist oder einen sonstigen Mangel aufweist, sodass sie von einer durchschnittlichen Letztverbraucherin oder einem durchschnittlichen Letztverbraucher eindeutig nicht mehr als mängelfrei angesehen wird;

7. ein elektronisches Buch (E-Book) ein digital abrufbarer und speicherbarer Buchinhalt, der über geeignete Endgeräte, wie insbesondere E-Reader, Tablets und Smartphones lesbar gemacht wird.

Stammfassung.

Übersicht

I. Verhältnis zum BPrBG alt

1 Bis auf redaktionelle Überarbeitungen aufgrund der nunmehr geschlechtsneutralen Formulierung der Begriffsbestimmungen und dass nunmehr der **Bruttomindestpreis** anstelle des **Nettoletztverkaufspreis** definiert ist, entspricht die Bestimmung dem § 2 BPrBG alt.[1]

2 Entsprechend ist die Rechtsprechung zu den Begriffsbestimmungen des BPrBG alt weitestgehend auf die neue Bestimmung übertragbar.

II. Einleitung

3 Anders als beim Vorbild des Buchpreisbindungsgesetzes, dem französischen Buchpreisbindungsgesetz oder dem Buchpreisbindungsgesetz in Deutschland, hat der österreichische Gesetzgeber im Gesetz eine eigene Bestimmung mit Definitionen vorgesehen, in welcher zentrale Begriffe, wie Letztverkäufer, Letztverbraucher oder **Mindestpreis** erläutert werden. Durch die Novelle 2014 zum BPrBG alt[2] wurde nicht nur das „E-Book" in die Begriffsbestimmungen aufgenommen, sondern auch die Begriffsdefinition „Importeur" entscheidend erweitert. Seit dem BPrBG 2023 wird an Stelle des bisherigen Begriffs des „Letztverkaufspreises", der als – bei der Veräußerung von Waren im Sinne des neuen § 2 an Letztverbraucher einzuhaltende – Mindestpreis exklusive Umsatzsteuer bestimmt wurde, nunmehr sogleich der „Mindestpreis" und somit jener Preis inklusive Umsatzsteuer definiert, der von den Letztverkäufern einzuhalten ist.[3] Viele der Begriffsbestimmungen verweisen wiederum auf den Anwendungsbereich des BPrBG 2023, der in § 2 festgelegt wird.[4]

1 Vgl auch ErläutRV 1743 BlgNR 27. GP 2.
2 BGBl I 2014/79.
3 Vgl auch ErläutRV 1743 BlgNR 27. GP 2.
4 Siehe dazu im Detail § 2 „Anwendungsbereich des Gesetzes", Rz 3ff.

Dies ist ein weiterer Grund, warum der Bestimmung des Anwendungsbereichs des BPrBG 2023 besondere Bedeutung zukommt.

Zentrale Bedeutung hat auch der Begriff der Gewerbsmäßigkeit für § 3 BPrBG 2023, weil sowohl die Definition für Verleger als auch die Definitionen für Importeur und Letztverkäufer darauf abstellen. 4

III. Der Begriff „Gewerbsmäßigkeit" im BPrBG 2023

Gewerbsmäßigkeit ist grundsätzlich dann anzunehmen, wenn eine Tätigkeit selbständig, regelmäßig und in der Absicht betrieben wird, einen Ertrag oder sonstigen wirtschaftlichen Vorteil zu erzielen, gleichgültig für welche Zwecke dieser bestimmt ist.[5] 5

Eine Tätigkeit ist dann **auf Dauer** angelegt, wenn sie regelmäßig bzw planmäßig ausgeübt wird, wobei auch eine einmalige Tätigkeit als regelmäßig gilt, wenn ihr die Absicht der Wiederholung zugrunde liegt, oder wenn sie längere Zeit erfordert.[6] 6

Das **Merkmal der Selbständigkeit** liegt vor, wenn die Tätigkeit auf eigene Rechnung und Gefahr ausgeübt wird, was durch das Tragen des Geschäftsrisikos impliziert wird.[7] 7

Ob auch **Gewinnerzielungsabsicht,** also die Absicht, einen Ertrag oder sonstigen wirtschaftlichen Vorteil zu erzielen, für eine Gewerbsmäßigkeit zu fordern ist und nicht bloße Entgeltlichkeit einer Tätigkeit genügt, wird zunehmend diskutiert.[8] Rückenwind hat die Auffassung, dass bloße Entgeltlichkeit ausreicht, auch durch das UGB bekommen, das im Zusammenhang mit der Definition der Unternehmereigenschaft ausdrücklich auf das Kriterium der Gewinnerzielungsabsicht verzichtet.[9] 8

Insgesamt ist festzuhalten, dass an die Einordnung einer Tätigkeit als „gewerbsmäßig" **keine allzu hohen Anforderungen** zu stellen sind. So wird beispielsweise selbst der regelmäßige Verkauf von neuen 9

---

5 Vgl § 1 Abs 2 GewO.

6 Vgl dazu § 1 Abs 4 GewO; *Straube/Ratka/Rauter,* UGB I^4 § 1 Rz 71 ff sowie *Stolzlechner/Müller/Seider/Vogelsang/Höllbacher,* GewO^4 § 1 Rz 26 ff.

7 *Straube/Ratka/Rauter,* UGB I^4 § 1 Rz 67 ff; vgl auch *Stolzlechner/Müller/Seider/Vogelsang/Höllbacher,* GewO^4 § 1 Rz 10 f.

8 *Straube/Ratka/Rauter,* UGB I^4 § 1 Rz 78 ff.

9 *Dehn* in *Krejci,* RK UGB § 1 Rz 31 f.

Büchern durch eine Privatperson über eine Internetplattform genügen, um Gewerbsmäßigkeit anzunehmen.

10 Die von *Eixelsberger* geäußerten Bedenken, dass die Buchpreisbindung aufgrund des Erfordernisses der Gewerbsmäßigkeit umgangen werden könnte,[10] haben sich in der Praxis nicht bewahrheitet. Davon abgesehen, ist ohnehin davon auszugehen, dass man auch nach dem BPrBG 2023 – analog zum Rechtsbruchtatbestand des UWG – erfolgreich gegen Umgehungshandlungen vorgehen kann, durch welche eine Bestimmung zwar nicht formal verletzt wird, die jedoch in deren Auswirkungen einem Verstoß gleichkommt.[11] Dies entspricht klar dem Willen des Gesetzgebers, weil nur dadurch gewährleistet werden kann, dass das BPrBG 2023 seine auch vom EuGH bestätigte Funktion,[12] das Kulturgut Buch zu schützen, erfüllen kann.

11 Genau diese Überlegungen sind wohl auch Hintergrund der bemerkenswerten Entscheidung *T-Bücher* des Obersten Gerichtshofs, in welcher das Höchstgericht ausgesprochen hat, dass bei der **Auslegung von Preisbindungsgesetzen** grundsätzlich von einer **wirtschaftlichen Betrachtungsweise** auszugehen ist und dass dabei das zentrale Anliegen des Gesetzes zu berücksichtigen ist, einen Preiswettbewerb zwischen Buchhändlern zum Schutz der Büchervielfalt und der Versorgung der Bevölkerung mit Büchern zu verhindern.[13] Entsprechend hat der OGH in diesem Fall die Bestimmungen des Gesetzes analog auf einen Unternehmer angewendet, der zwar keine Bücher, jedoch Gutscheine zum Kauf von Büchern unter dem Nominalwert des Gutscheins verkauft und es damit ermöglicht hat, dass Letztverbraucher preisgebundene Bücher unter dem Mindestpreis erwerben konnten.

10 Vgl *Eixelsberger,* „Sittenwidrigkeit" kraft gesetzlicher Fiktion? ÖBl 2001, 249 f.

11 Vgl dazu: *Wiltschek/Horak,* UWG[8] E 509 f und 1835 zu § 1.

12 Siehe dazu im Detail Vor § 1 „Buchpreisbindung und Europarecht", Rz 31 ff.

13 OGH 24. 10. 2019, 4 Ob 85/19 g, *T-Bücher,* ÖBl 2020, 223 *(Majchrzak)* = ecolex 2020/62, 124 *(Tonninger).*

IV. Verleger und Importeur

Bei den Definitionen **„Verleger“** und **„Importeur“**, ist – wie vorher ausgeführt – insbesondere zu erwähnen, dass beide darauf abstellen, dass Verleger und Importeure nach dem BPrBG 2023 gewerbsmäßig handeln. Obwohl im Bericht des Kulturausschusses zur Stammfassung des BPrBG alt die diesbezüglichen Begriffsdefinitionen nicht gesondert behandelt wurden,[14] hat dies in der Praxis keine Probleme bereitet. Durch die Novelle 2014 zum BPrBG alt hat der Begriff „Importeur“ durch die **Einbeziehung von grenzüberschreitenden Verkäufen nach Österreich** eine ganz entscheidende Änderung erfahren, welche auch in das BPrBG 2023 übernommen wurde. 12

Bezüglich der Begriffsdefinitionen ist anzumerken, dass die Subsumption einer (juristischen) Person unter eine der Definitionen kein Indiz dafür ist, dass diese nicht auch unter andere Definitionen fällt und nicht auch die diesbezüglichen Verpflichtungen einhalten muss. Gerade bei grenzüberschreitenden Verkäufen an Letztverbraucher nach Österreich ist der Letztverkäufer auch Importeur iSd Gesetzes; dies kann selbstverständlich auch auf einen ausländischen Verlag zutreffen. Somit hat beispielsweise ein ausländischer Verlag, der Bücher oder E-Books direkt nach Österreich verkauft, insbesondere die Verpflichtungen als Importeur und Letztverkäufer nach dem BPrBG 2023 einzuhalten. 13

Auch die Einordnung eines österreichischen Buchhändlers als Letztverkäufer iSd Gesetzes schließt nicht aus, dass dieser auch Importeur nach dem BPrBG 2023 sein kann, wenn er Bücher auch direkt von deutschen Verlagen für den Weiterverkauf bezieht. Der Buchhändler hat somit für diese Bücher zusätzlich jene Verpflichtungen einzuhalten, die ihn als Importeur nach dem BPrBG 2023 treffen.[15] 14

14 Bericht des Kulturausschusses, 113. der Beilagen zu den Stenographischen Protokollen des Nationalrates 21. GP.

15 Entsprechend hat der Buchhändler für diese Bücher grundsätzlich die Verpflichtung, einen Mindestpreis festzusetzen und bekannt zu machen, wenn für diese Bücher nicht bereits ein Mindestpreis festgesetzt und bekannt gemacht wurde, der der eigenen Preisfestsetzung entsprechen würde (vgl § 4 Abs 4 BPrBG 2023).

A. Verleger

15 Die **Definition von „Verleger“** stellt auf die *„Herausgabe, das Herstellen und das Verbreiten“* von „Büchern“ ab. Da es durchaus möglich ist, dass beispielsweise die Herausgabe und die Herstellung eines Buchs von unterschiedlichen Unternehmen (bzw Personen) übernommen werden, und der Gesetzgeber es sicher nicht beabsichtigt hat, dass ein Buch keinen Verleger haben könnte, wird für die Qualifikation als Verleger grundsätzlich ausreichen, wenn jemand ein Buch entweder herausgibt, herstellt oder verlegt.

16 Jedenfalls stellt sich auch dann die Frage, wen in diesem Fall die Verpflichtungen als „Verleger“ nach dem BPrBG 2023 treffen. Abzustellen wird dabei primär auf die Verlagsangabe im Buch sein. Das trifft beispielsweise auf den Fall zu, dass ein Verlag ein Buch von einem anderen Verlag herstellen lässt, sich jedoch selbst als Verleger im Buch anführt.[16] Ist im Buch selbst kein Verlag angeführt, so stellt man bezüglich der Bestimmung, wer die Verpflichtungen als „Verleger“ nach dem BPrBG 2023 zu erfüllen hat, in der Praxis auf das Herausgeben und Verbreiten des Buchs ab.

B. Importeur

17 Die **Definition von Importeur** wurde mit der Novelle 2014 zum BPrBG alt ganz erheblich erweitert und geht über den klassischen Importeursbegriff (*„wer Waren nach Österreich einführt“*) entscheidend hinaus, weil nunmehr auch der grenzüberschreitende Handel mit Büchern und E-Books vollständig in den Anwendungsbereich des Gesetzes einbezogen ist. Schon vor diesem Hintergrund hat sich der Gesetzgeber mit der Erweiterung der Begriffsdefinition im Besonderen Teil der Materialien ausdrücklich befasst und führt diesbezüglich selbsterklärend Folgendes aus:

„Die Einbeziehung des grenzüberschreitenden elektronischen Handels deutschsprachiger Bücher (inklusive E-Books) in den Anwendungsbereich des Buchpreisbindungsgesetzes erfordert eine weitergehende Definition des Begriffs des Importeurs iSd § 2 Z 2 BPrBG, der auch Internethändler für den B2C-Bereich (Business-to-Consumer), also jener Händler, die direkt an Letztverbraucher und nicht an Letztverkäufer (B2B-Bereich, Business-to-Business) liefern, erfasst. Ein Importeur im

16 Vgl *Wallenfels/Russ*, Preisbindungsgesetz[7] § 5 Rz 4.

Sinne des § 2 Z 2 BPrBG neuer Satzteil ist auch gleichzeitig Letztverkäufer im Sinne des § 2 Z 3 BPrBG. Somit wird sichergestellt, dass zukünftig auch sämtliche Letztverkäufer im grenzüberschreitenden Verkehr nach Österreich die Regeln der Buchpreisbindung einzuhalten haben."[17]

In der Praxis bedeutet dies, dass **Letztverkäufer im grenzüberschreitenden Verkehr nach Österreich** insbesondere dafür Sorge tragen müssen, dass für die von ihnen eingeführten preisgebundenen Bücher und E-Books ein Mindestpreis ordnungsgemäß gemeldet ist und dass dieser bei Verkäufen an Letztverbraucher in Österreich eingehalten wird. 18

V. Letztverkäufer und Letztverbraucher

Die Definitionen von Letztverkäufer und Letztverbraucher sind in der Praxis deshalb so bedeutend, weil nur der Verkauf zwischen Letztverkäufer und Letztverbraucher preisgebunden ist. So gibt es insbesondere keine Preisbindung beim Verkauf von Verlagen an Sortimenter oder Zwischenbuchhändler, weil für solche Verkäufe nach dem BPrBG 2023 auch keine bestimmten Handelsspannen vorgesehen sind.[18] 19

A. Letztverbraucher

Besondere Bedeutung hat die Einordnung des Letztverbrauchers. **Letztverbraucher** ist derjenige, der ein Buch, ein E-Book oder eine Musikalie iSd § 1 zu anderen Zwecken als zum Weiterverkauf erwirbt. Damit ist die Definition von Letztverbraucher nach dem BPrBG 2023 vergleichsweise weit, weil dadurch auch jeder Buchkauf von Unternehmern erfasst ist, wenn dieser nicht zum Zwecke des Weiterverkaufs erfolgt. 20

Im Bericht des Kulturausschusses ist dazu Folgendes festgehalten: „*Diese Definition ist notwendig, da nicht nur der Verkauf an Verbraucher im Sinne des KSchG, sondern auch an Unternehmer, die selbst nicht mehr als Händler auftreten, erfasst sein sollen (zB Geset-* 21

17 Bericht des Kulturausschusses, 316. der Beilagen zu den Stenographischen Protokollen des Nationalrates 25. GP, § 2 Z 2.

18 Vgl *Wallenfels/Russ*, Preisbindungsgesetz[7] § 5 Rz 4.

zesausgabe für RA-Kanzlei, Ankauf durch Bibliotheken).“[19] Damit ist auch jeder Unternehmer, der ein preisgebundenes Buch zu einem anderen Zweck als zum gewerblichen Weiterverkauf erwirbt, Letztverbraucher iSd Gesetzes.

22 In **Deutschland,** wo der Gesetzgeber die österreichische Definition in § 2 Abs 3 dBuchPrG sinngemäß übernommen hat, gibt es zu dieser Bestimmung schon interessante Rechtsprechung durch die Oberlandesgerichte, mit der sich *Wallenfels/Russ* im Detail auseinandersetzen.[20]

23 Aus **österreichischer Sicht** sind daraus insbesondere folgende Aussagen von Bedeutung: Das OLG Frankfurt definiert den Letztverbraucher (Letztabnehmer) als denjenigen, der das Buch zum Zwecke der eigenen Nutzung oder unentgeltlichen Weitergabe an Dritte erworben hat. Letztabnehmer sei somit in der Vertriebskette derjenige, der als Letzter für das verlagsneue Buch Geld (den gebundenen Ladenpreis) bezahlt hat.[21] Kein Letztabnehmer ist, wer Bücher nicht zum gebundenen Ladenpreis, sondern zum Einkaufspreis und zum Zwecke der Weiterveräußerung erwirbt. Dies trifft beispielsweise auf einen „privaten Händler“ zu, der Bücher in größeren Mengen erwirbt, um sie über Internet-Marktplätze zu verkaufen.[22] Dem gegenüber ist jedoch ein Sammelbesteller, der für fremde Rechnung Bücher in eigenem Namen erwirbt, Letztabnehmer iSd § 2 Abs 3 dBuchPrG.[23]

B. Letztverkäufer – unter Beachtung „bloßer“ Rechteeinräumung

24 Die **Definition des Letztverkäufers** stellt neben der Gewerbsmäßigkeit lediglich auf die Veräußerung von im Sinn des § 2 BPrBG 2023 preisgebundenen Büchern, E-Books und Musikalien an Letztver-

19 Bericht des Kulturausschusses, 113. der Beilagen zu den Stenographischen Protokollen des Nationalrates 21. GP.

20 Vgl *Wallenfels/Russ,* Preisbindungsgesetz[7] § 2 Rz 32.

21 Vgl *Wallenfels/Russ,* Preisbindungsgesetz[7] § 2 Rz 32; OLG Frankfurt, NJW 2004, 2098, 2100.

22 Vgl *Wallenfels/Russ,* Preisbindungsgesetz[7] § 2 Rz 32; OLG Frankfurt, GRUR 2006, 520f.

23 Vgl *Wallenfels/Russ,* Preisbindungsgesetz[7] § 2 Rz 32; OLG München, GRUR 2005, 71.

braucher ab. Damit ist auch der Begriff des Letztverkäufers nach dem BPrBG 2023 vergleichsweise weit, und insbesondere nicht auf Unternehmen beschränkt, die ausschließlich Bücher oder E-Books verkaufen.

Im Bericht des Kulturausschusses der Stammfassung des BPrBG alt ist zu dieser Definition deshalb auch Folgendes festgehalten worden: *„Der Begriff des Letztverkäufers ist notwendig, da nicht nur der Buchhändler von der Preisbindungspflicht erfasst werden soll, sondern jeder, der an einen Letztverbraucher (§ 2 Z 4)* [nunmehr § 3 Z 4] *verkauft (Supermarkt, Fachbücher in anderen Geschäften).“*[24] **25**

Letztverkäufer ist somit jeder Verkäufer von preisgebundenen Büchern, E-Books oder Musikalien, sobald der Verkauf gewerbsmäßig erfolgt. Somit sind selbstverständlich auch an sich **branchenfremde Unternehmen,** die Bücher in ihrem Sortiment haben, Letztverkäufer im Sinn des BPrBG 2023. **26**

Der Begriff des Letztverkäufers ist zudem vor dem Hintergrund einer gebotenen **wirtschaftlichen Betrachtungsweise** bei der Auslegung von Preisbindungsgesetzen unter Berücksichtigung der zentralen Anliegen des BPrBG 2023, einen Preiswettbewerb zwischen Buchhändlern zum Schutz der Büchervielfalt und der Versorgung der Bevölkerung mit Büchern zu verhindern, weit auszulegen.[25] Entsprechend hat der OGH im Fall *T-Bücher* die Verpflichtungen eines Letztverkäufers iSd BPrBG 2023 analog auf einen Unternehmer angewendet, der zwar keine Bücher, jedoch Gutscheine zum Kauf von Büchern unter dem Nominalwert des Gutscheins verkauft und es damit ermöglicht hat, dass Letztverbraucher preisgebundene Bücher unter dem Mindestpreis erwerben konnten. **27**

An die Gewerbsmäßigkeit sind, wie oben ausgeführt, zudem keine hohen Anforderungen zu stellen. So wird beispielsweise auch eine Privatperson, die regelmäßig neue Bücher über eine Internetplattform (zB www.ebay.at) verkauft, als Letztverkäufer iSd Gesetzes einzustufen sein, sofern die Privatperson diese Bücher nicht bereits **28**

24 Bericht des Kulturausschusses, 113. der Beilagen zu den Stenographischen Protokollen des Nationalrates 21. GP.

25 OGH 24. 10. 2019, 4 Ob 85/19g, *T-Bücher,* ÖBl 2020, 223 *(Majchrzak)* = ecolex 2020/62, 124 *(Tonninger).*

selbst als Letztverbraucher zum Mindestpreis gekauft, sondern zu einem anderen Einstandspreis erworben oder sonst wie bezogen hat.

29 Auch wenn der Händler/Verleger einem Kunden an einem **E-Book** kein Eigentum, sondern lediglich ein einfaches, nicht übertragbares Recht zur Nutzung des angebotenen Titels für den persönlichen Gebrauch einräumt, ändert dies nichts an der Qualifikation des E-Book-Händlers/Verlegers als „Letztverkäufer“ bzw des Kunden als „Letztverbraucher“ iSd BPrBG 2023, weil der Kunde im Ergebnis in die Lage versetzt wird, das E-Book – auch ohne Eigentumserwerb im zivilrechtlichen Sinn – wie ein Eigentümer zu nutzen, also eine **eigentümerähnliche Position** erlangt.[26] Es entspricht daher dem Sinn und Zweck der Buchpreisbindung, auch solche Formen der bloßen Rechteeinräumung zu erfassen. Der **deutsche Gesetzgeber** hat sich dieser Frage beim 2. Änderungsgesetz im Jahr 2016 sogar ausdrücklich gewidmet und stellt bei der neu eingeführten Definition von elektronischen Büchern nicht auf eine Einräumung von Eigentum an den E-Books sondern darauf ab, dass E-Books **„zum dauerhaften Zugriff“** angeboten werden.[27]

30 Zu erwähnen ist, dass § 3 Z 3 BPrBG 2023 lediglich auf die „Veräußerung“ von im Sinn des § 2 BPrBG 2023 preisgebundene Bücher, E-Books und Musikalien an Letztverbraucher abstellt. Somit ist das **Verschenken preisgebundener Bücher** – wie auch in Deutschland –, anders als beispielsweise der Verkauf unter dem festgesetzten Mindestpreis, grundsätzlich zulässig.[28] Voraussetzung dafür, dass man tatsächlich vom „Verschenken“ sprechen kann, ist jedoch, dass dieser Vorgang in keiner Weise mit dem Verkauf von anderen Waren verknüpft ist und auch kein psychologischer Kaufzwang zum Erwerb anderer Waren ausgeübt wird. In den letzteren Fällen ist sehr wohl von einer Gesetzesverletzung (BPrBG 2023 und/oder UWG) auszugehen.

31 Vor diesem Hintergrund wird das bloße Verschenken von preisgebundenen Büchern im öffentlichen Raum tendenziell unproblematisch sein, wenn keine weiteren Umstände hinzutreten; hingegen ist

26 Vgl *Wallenfels/Russ,* Preisbindungsgesetz[7] § 3 Rz 17.
27 Vgl § 2 Abs 1 Z 3 dBuchPrG sowie *Wallenfels/Russ,* Preisbindungsgesetz[7] § 2 Rz 12.
28 Vgl *Wallenfels/Russ,* Preisbindungsgesetz[7] § 3 Rz 2.

eine Aktion mit einer Ankündigung, in einer Buchhandlung preisgebundene Bücher zu verschenken, durchaus problematisch. Sicher unzulässig wäre beispielsweise eine Aktion samt Ankündigung einer Buchhandlung, dass man ab einer bestimmten Einkaufshöhe ein Buch geschenkt bekommt.

VI. Mindestpreis

Durch das BPrBG 2023 findet sich als Z 5 an Stelle des bisherigen Begriffs des „Letztverkaufspreises", der als bei der Veräußerung von Waren im Sinne des neuen § 2 an Letztverbraucher einzuhaltende **Mindestpreis** exklusive Umsatzsteuer definiert wurde, nun der Begriff des „Mindestpreises", der auch die Umsatzsteuer beinhaltet. 32

Diese Änderung bringt für die Praxis **keinen Anpassungsbedarf,** weil damit vielmehr die gesetzliche Regelung an die ohnehin bestehende Praxis angepasst worden ist. Schon bisher wurde von den Verlegern und Importeuren sogleich der (Brutto-)Mindestpreis festgesetzt, was den Vorteil hatte, dass keine Rechenoperation (Aufschlag der Umsatzsteuer) notwendig war, um den Ladenpreis zu eruieren. Durch die gesetzliche Änderung erfolgte auch eine teilweise Angleichung an das deutsche Buchpreisbindungsgesetz, welches ebenfalls die Festsetzung eines Bruttopreises, jedoch im Unterschied zu Österreich als Fixpreis und nicht als Mindestpreis, vorsieht.[29] 33

Der Vergleich der für ein Buch für Deutschland und für Österreich festgesetzten Preise hat durch die Novelle 2009 zum BPrBG alt zusätzliche Bedeutung erlangt: Legt nämlich ein deutscher Verleger beispielsweise für ein Buch in Deutschland einen Ladenpreis mit € 19,90 fest und empfiehlt er nach der Möglichkeit des § 4 Abs 2 BPrBG 2023 auch für Österreich als Mindestpreis € 19,90, so hat dies wegen der unterschiedlichen Umsatzsteuer mE zwangsläufig die Konsequenz, dass der Verleger die Bücher nach Deutschland und Österreich auf Basis von unterschiedlichen Nettopreisen vertreiben muss.[30] 34

29 Vgl auch ErläutRV 1743 BlgNR 27. GP 2.
30 Siehe dazu im Detail § 4 „Preisempfehlung von ausländischen Verlegern", Rz 28 ff.

VII. Mängelexemplar

35 In der Praxis bedeutend ist auch die **Definition des Mängelexemplars** (Z 6), wobei zwei Fallgruppen zu unterscheiden sind: Einerseits sind Mängelexemplare preisgebundene Bücher, die **versehentlich verschmutzt oder beschädigt** worden sind und andererseits sind es preisgebundene Bücher, die einen **sonstigen Mangel** aufweisen. Der Vollständigkeit halber ist zu erwähnen, dass diese Bestimmung nur auf physische Bücher und Musikalien Anwendung findet und es iZm E-Books naturgemäß keine Mängelexemplare geben kann, die der Gesetzgeber mit gegenständlicher Bestimmung erfassen wollte.

36 Die Fallgruppe „Sonstige Mängel" umfasst Mängel, die schon bei der Herstellung eines preisgebundenen Buchs auftreten, wie beispielsweise fehlende Seiten, doppelt bedruckte Seiten, weiße Seiten, mangelhafter Buchschnitt, oder Fehler durch mangelhafte Heftung oder Bindung eines Buchs.[31]

37 Die zweite Fallgruppe umfasst preisgebundene Bücher, die versehentlich verschmutzt oder beschädigt worden sind. Schon aus dieser Definition leitet sich ab, dass die bloße Kennzeichnung eines preisgebundenen Buchs als Mängelexemplar (durch einen Strich am Buchschnitt oder einer Stempelung als Mängelexemplar) ein Buch noch nicht zum Mängelexemplar iSd BPrBG 2023 werden lässt. Bei der Beurteilung, ob ein Buch ein Mängelexemplar ist, sind somit solche **absichtlich vorgenommenen Kennzeichnungen** außer Betracht zu lassen; daher ist ein preisgebundenes Buch, dessen einziger Mangel darin besteht, dass es als Mängelexemplar gekennzeichnet ist, kein Mängelexemplar iSd gesetzlichen Definition. So hat auch das OLG Wien festgehalten, dass es eine Umgehung des Gesetzes und somit ein Verstoß gegen dieses Gesetz ist, wenn Bücher absichtlich zum Mängelexemplar gemacht werden, um solcherart ein Berufen auf die Ausnahmevorschrift des nunmehr § 8 Abs 1 Z 3 BPrBG 2023 (Verkauf von Mängelexemplaren) zu ermöglichen.[32] In diese Fallgruppe fallen daher zumeist einzelne Bücher, die versehentlich zu Mängelexemplaren werden.

---

31 Vgl dazu auch *Wallenfels/Russ*, Preisbindungsgesetz[7] § 7 Rz 7 ff.

32 OLG Wien 10. 4. 2006, 5 R 23/06y, 7 f.

So ist denkbar, dass einzelne Bücher einer Lieferung **Transportschäden** aufweisen oder **einzelne Ausstellungs- und Ansichtsexemplare** ohne absichtliche „Bemängelung“ nicht mehr als „Neu“ angesehen werden können, weil sie beispielsweise abgegriffen oder ausgebleicht sind, weshalb ein Verkauf als Mängelexemplar gerechtfertigt ist. 38

In diesem Zusammenhang ist darauf hinzuweisen, dass sich die rechtliche Situation bezüglich Mängelexemplaren in Österreich und **Deutschland** in zwei wesentlichen Punkten unterscheidet, was teilweise zu Problemen für die Rechtsanwender führt. So sind nach deutscher Rechtlage Mängelexemplare zu kennzeichnen, was nach dem BPrBG 2023 nicht erforderlich ist. Ferner gilt die Preisbindung für Mängelexemplare in Deutschland nicht, während nach dem BPrBG 2023 in Österreich nur eine handelsübliche Ermäßigung auf Grund des Mangels zulässig ist.[33] 39

VIII. E-Book

Durch die Einbeziehung von deutschsprachigen E-Books durch die Novelle 2014 zum BPrBG alt wurde auch eine **Definition von E-Book** notwendig, welche unverändert ins BPrBG 2023 übernommen wurde. Indem der Gesetzgeber auf digital abrufbare und speicherbare Buchinhalte abstellt, die *„über geeignete Endgeräte, wie insbesondere E-Reader, Tablets und Smartphones lesbar gemacht“* werden, hat er eine Definition gewählt, die auch absehbare technische Entwicklungen umfassen soll. Bei der Bestimmung, ob ein E-Book vorliegt, wird insbesondere auch darauf zu achten sein, ob das zu prüfende Produkt in einem beträchtlichen Ausmaß verlagstypische Angebote von Buchinhalten umfasst und/oder ob im zu prüfenden Produkt Buchinhalte wesentlich sind. 40

Der Gesetzgeber führt zu dieser Begriffsdefinition im besonderen Teil des Gesetzesbeschlusses Folgendes aus: *„Aufgrund der sich rasch wandelnden technologischen Möglichkeiten, Buchinhalte digital zu vertreiben, ist der Begriff E-Book weit definiert und soll insbesondere jede Form der verlagstypischen Angebote von Buchinhalten erfassen. Damit soll auch die Grundlage dafür gelegt werden, dass Verlage ei-* 41

33 Siehe dazu im Detail § 8 „Verkauf von Mängelexemplaren“, Rz 23 ff.

nen Anreiz haben, auch über E-Books zu einer breiten Palette an Neuerscheinungen und verfügbaren Buchinhalten beizutragen."[34]

42 Jedenfalls sind auch E-Books seit der Novelle 2014 zum BPrBG alt explizit in die Preisbindung einbezogen, wodurch auch für E-Books die Regeln des BPrBG 2023 einzuhalten und somit insbesondere Mindestpreise festzusetzen, bekanntzumachen und in der Folge auch einzuhalten sind.

43 Schon im Allgemeinen Teil der Materialien zur Novelle 2014 des BPrBG alt hat der Gesetzgeber auch die unionsrechtliche Zulässigkeit der Einbeziehung von E-Books in die Buchpreisbindung begründet.[35]

IX. Exkurs: Buchgemeinschaften

44 Im Gesetzesentwurf der Stammfassung des BPrBG alt befand sich als Z 6 eine Bestimmung über **Buchgemeinschaften,** welche jedoch nicht beschlossen wurde. Somit bestehen für Buchgemeinschaften bzw Buchclubs in Österreich, anders als in Deutschland,[36] keine Sonderregelungen. So hat der Kulturausschuss richtig festgestellt, dass eine Buchgemeinschaft wirtschaftlich gesehen entweder Verleger, Importeur oder Buchhändler ist.[37] Buchgemeinschaften haben so jeweils jene Verpflichtungen nach dem BPrBG 2023 einzuhalten, die dem entsprechenden Marktteilnehmer auferlegt sind. Auch die Bücher, die von Buchgemeinschaften verkauft werden, erfahren durch das BPrBG 2023 keine Sonderbehandlung. Entsprechend sind so auch für Sonderausgaben für Buchgemeinschaften Preise festzusetzen und ist der Mindestpreis bei deren Verkauf einzuhalten.

45 Bei der Bewerbung von „Buchklubausgaben" durch Buchgemeinschaften („Buchklubausgaben" sind eigene Ausgaben eines Buchtitels, die sich von „Buchhandelsausgaben" unterscheiden und für die daher ein eigener Mindestpreis festzusetzen ist), sind Preisgegen-

34 Bericht des Kulturausschusses, 316. der Beilagen zu den Stenographischen Protokollen des Nationalrates 25. GP, § 2 Z 7.

35 Bericht des Kulturausschusses, 316. der Beilagen zu den Stenographischen Protokollen des Nationalrates 25. GP, s dazu im Detail Vor § 1 „Buchpreisbindung und Europarecht", Rz 31 ff.

36 Vgl *Wallenfels/Russ*, Preisbindungsgesetz[7] § 5 Rz 27 ff.

37 Vgl Bericht des Kulturausschusses, 113. der Beilagen zu den Stenographischen Protokollen des Nationalrates 21. GP.

überstellungen mit „Buchhandelsausgaben" nach mE immer dann irreführend, wenn nicht auffällig und unmissverständlich auf die Unterschiedlichkeit der Ausgaben hingewiesen wird.

Preisfestsetzung

§ 4. (1) Die Verlegerin oder der Verleger beziehungsweise die Importeurin oder der Importeur einer Ware im Sinne des § 2 ist verpflichtet, für die von ihr oder ihm verlegten oder die von ihr oder ihm in das Bundesgebiet importierten Waren im Sinne des § 2 einen Mindestpreis festzusetzen und diesen bekannt zu machen.

(2) Die Importeurin oder der Importeur ist an den von der Verlegerin oder vom Verleger für das Bundesgebiet empfohlenen Mindestpreis gebunden. Ist für das Bundesgebiet kein Mindestpreis empfohlen, so darf die Importeurin oder der Importeur den von der Verlegerin oder vom Verleger für den Verlagsstaat festgesetzten oder empfohlenen Mindestpreis, abzüglich einer darin enthaltenen im Verlagsstaat geltenden Umsatzsteuer und zuzüglich der in Österreich jeweils geltenden Umsatzsteuer, nicht unterschreiten.

(3) Im Falle des Reimports von Waren im Sinne des § 2 kann die Importeurin oder der Importeur, die oder der derartige Waren in einem Vertragsstaat des Abkommens über den Europäischen Wirtschaftsraum (EWR) zu einem von den üblichen Einkaufspreisen abweichenden niedrigeren Einkaufspreis kauft, den von der inländischen Verlegerin oder vom inländischen Verleger festgesetzten Preis im Verhältnis zum erzielten Handelsvorteil unterschreiten. Dies gilt nicht, wenn die betreffenden Waren allein zum Zweck ihrer Wiedereinfuhr ausgeführt worden sind, um dieses Bundesgesetz zu umgehen.

(4) Eine Preisfestsetzung durch die Importeurin oder den Importeur nach Abs. 1 bis 3 kann unterbleiben, wenn eine solche für eine bestimmte Ware im Sinne des § 2 bereits erfolgt und gemäß § 5 Abs. 1 bekanntgemacht worden ist.

Stammfassung.

Übersicht

I. Verhältnis zum BPrBG alt

1 In der Nachfolgebestimmung des § 3 BPrBG alt gibt es neben redaktionellen Überarbeitungen aufgrund der geschlechtsneutralen Formulierung des Gesetzes insbesondere Anpassungen in Bezug darauf, dass nunmehr nicht mehr ein **Nettoletztverkaufspreis,** sondern ein **Bruttomindestpreis** festzusetzen ist.[1] Dies bringt jedoch schon deshalb in der Praxis keine Änderung, weil ohnehin seit jeher Bruttomindestpreise festgesetzt worden sind. Zudem wurde anstelle des durch die Systematik des Gesetzes redundanten Abs 4 eine Klarstellung vorgenommen, wann eine Preisfestsetzung durch einen Importeuer unterbleiben kann.

2 Jedenfalls ist die Rechtsprechung zur zentralen Bestimmung der Preisfestsetzung des BPrBG alt auch weitestgehend auf die neue Bestimmung übertragbar.

1 Vgl auch ErläutRV 1743 BlgNR 27. GP 2.

II. Einleitung

Die zentrale Bestimmung der Preisfestsetzung des BPrBG alt war im Jahr 2009 bezüglich importierter Bücher Gegenstand eines Vorabentscheidungsverfahrens des OGH an den EuGH. Mit Urteil vom 30. 4. 2009 stellte der EuGH fest, dass die konkrete Ausformung der alten österreichischen **Importregelung** im Widerspruch zu Art 34 AEUV steht und auch weder durch Art 36 AEUV („Schutz des nationalen Kulturguts von künstlerischem, geschichtlichem oder archäologischem Wert") oder Art 167 AEUV (Tätigkeit der Union auf dem Gebiet der Kultur) noch durch zwingende Erfordernisse des Allgemeininteresses zu rechtfertigen ist.[2] Der EuGH zeigte jedoch gleichzeitig Wege für die Sanierung der österreichischen Regelung auf. 3

Die Importregelung des BPrBG alt wurde unmittelbar vom österreichischen Gesetzgeber novelliert, wobei die neue Importregelung in gegenständlicher Bestimmung mit 1. 8. 2009 in Kraft getreten ist,[3] welche bis auf redaktionelle Anpassungen auch unverändert in das BPrBG 2023 übernommen wurde. Die Rechte und Pflichten für inländische Verleger waren nicht Gegenstand der Entscheidung des EuGH und sind demnach auch durch die Gesetzesnovelle unverändert geblieben. 4

III. Verpflichtung zur Preisfestsetzung

Gemäß § 4 Abs 1 BPrBG 2023 haben **Verlage** und **Importeure**[4] die Verpflichtung, für preisgebundene Bücher und E-Books einen Preis festzusetzen und diesen bekannt zu machen. Die Verpflichtung besteht unabhängig davon, auf welchem Weg die Bücher und E-Books vertrieben werden. Die **Verpflichtung zur Preisfestsetzung** trifft daher insbesondere auch auf Verlage zu, die ein preisgebundenes Buch oder E-Book nur direkt an den Endabnehmer vertreiben wollen. Da- 5

2 Vgl EuGH 30. 4. 2009, Rs C-531/07, *Fachverband der Buch- und Medienwirtschaft,* MR 2009, 164.

3 Vgl *Tonninger,* Buchpreisbindungsgesetz umgehend saniert, ecolex 2009, 969.

4 Zu beachten ist der stark ausgeweitete Importeursbegriff durch die Novelle 2014 zum BPrBG alt, wodurch insbesondere auch Letztverkäufer von Deutschland nach Österreich erfasst sind; s dazu im Detail § 3 „Importeur", Rz 17f.

bei macht es auch keinen Unterschied, ob sich der Verlag eines Dritten – wie beispielsweise eines Vorteilsclubs einer Zeitung – bedient, um die Bücher zu vertreiben und dafür eine eigene mutierte Auflage erstellt. Selbstverständlich hat er auch für diese mutierte Auflage einen Preis festzusetzen und bekannt zu machen. Gleiches gilt, wenn ein Verlag ein Buch oder E-Book nur über einen Buchhändler oder eine Buchhandelskette oder einen bestimmten Online-Shop exklusiv oder ausschließlich über andere Vertriebswege, wie Trafiken,[5] absetzt.

6 In **Deutschland** ist eine Entscheidung zur Preisfestsetzung bei Buchclubs ergangen, in der festgehalten wird, dass die Buchpreisbindung auch bei über einen Buchclub erworbenen Büchern einzuhalten ist.[6] In Österreich stellt sich diese Frage einer Sonderbehandlung für Buchgemeinschaften bzw Buchclubs erst gar nicht: Während Buchgemeinschaften nach dem ursprünglichen Gesetzesantrag im Jahr 2000 noch gesondert definiert und geregelt werden sollten, hat man sich im Zuge der Beratungen jedoch gegen eine Sonderregelung entschieden. So wurde festgehalten, dass Buchgemeinschaften wirtschaftlich gesehen entweder Verleger, Importeur oder Buchhändler sind und damit auch in der jeweiligen Situation jene Verpflichtungen nach dem Gesetz einzuhalten haben, die dem entsprechenden Marktteilnehmer auferlegt sind.[7]

IV. Festsetzung des Mindestpreises

7 Durch das BPrBG 2023 wurde die zentrale Vorschrift zur Preisfestsetzung an die in der Buchbranche seit Jahrzehnten gelebte Realität angepasst. Nunmehr ist vorgesehen, dass Verleger und Importeure sogleich einen (Brutto-)**Mindestpreis** festzusetzen haben.

8 Obwohl das BPrBG alt vorgesehen hatte, dass ein (Netto-)Letztverkaufspreis festzusetzen ist, wurde dies aus Praktikabilitätsgründen schon immer in „modifizierter" Weise eingehalten, indem von Verlegern und Importeuren sogleich der Mindestpreis (Letztverkaufspreis zuzüglich Umsatzsteuer) festgelegt und über die **Referenzda-**

5 Vgl OGH 17. 4. 2013, 4 Ob 55/13m, *Buch,* ÖBl 2013, 208 *(Gamerith).*
6 Vgl OLG Frankfurt, GRUR 2006, 520.
7 Siehe dazu auch § 3 „Exkurs: Buchgemeinschaften", Rz 44f.

tenbank[8] bekanntgemacht wurde. Dies hat sich wohl auch vor dem Hintergrund entwickelt, dass in der gemeinsamen Referenzdatenbank deutsche Marktteilnehmer auch Bruttopreise bekanntgemacht haben, zumal das dBuchPrG die Marktteilnehmer zur Festsetzung von (Brutto-)Fixpreisen verpflichtet. Zusätzlich hatte die angepasste Preisfestsetzung den entscheidenden Vorteil, dass der einzuhaltende Mindestpreis schon in den entsprechenden Datenbanken direkt aufgeschienen ist und nicht erst durch eine zusätzliche Rechenoperation ermittelt werden musste.

Gerade die Umsatzsteueranpassungen während der COVID-19-Pandemie haben vor Augen geführt, dass die Regelung im BPrBG alt und die angepasste Anwendung in der Praxis zusätzliche vermeidbare Probleme aufgeworfen haben. Entsprechend ist es besonders zu begrüßen, dass durch die neue Preisbindungsregelung und das Abstellen auf den Mindestpreis die seit Jahrzehnten vorgenommenen faktischen Preisfestsetzungen endlich der gesetzlichen Regelung entsprechen und der Mindestpreis somit für alle Anbieter und unabhängig davon gilt, ob der jeweilige Anbieter selbst österreichische Umsatzsteuer verrechnet. **9**

V. Preisfestsetzung für unterschiedliche Ausgaben eines Buchtitels

Wird ein Buchtitel in **unterschiedlichen Ausgaben** (zB gebundene Ausgabe, Taschenbuch und E-Book) verlegt, so ist für diese unterschiedlichen Ausgaben eine **gesonderte Preisfestsetzung erforderlich,** weil es sich bei der jeweiligen Ausgabe um ein eigenes preisgebundenes Produkt handelt. Auch wenn eine unterschiedliche Ausgabe für einen Buchclub oder für den Vertrieb über ein sonstiges Unternehmen erzeugt wird, ist für diese Ausgabe ein eigener Mindestpreis festzusetzen und bekannt zu machen. **10**

Eine Preisfestsetzung ist auch dann erforderlich, wenn ein Buchtitel in einer äußerlich oder inhaltlich unterschiedlichen Folgeauflage verlegt wird. Lediglich bei Nachdrucken oder unveränderten Neuauflagen kann eine neuerliche Preisfestsetzung unterbleiben.[9] **11**

8 Siehe dazu im Detail § 5 „Möglichkeiten der Bekanntmachung – Referenzdatenbank VLB", Rz 8 ff.

9 Vgl dazu auch *Wallenfels/Russ,* Preisbindungsgesetz[7] § 5 Rz 4.

12 Obwohl **E-Books** zwar regelmäßig in verschiedenen Dateiformaten (PDF, BBeB, ePUB, LIT, Mobipocket etc) angeboten werden, kann dies jedoch grundsätzlich keine gesonderte Preisfestsetzung je Format rechtfertigen, was auch in Deutschland vertreten wird.[10] Somit darf für eine E-Book-Ausgabe **unabhängig vom Dateiformat**[11] (und somit auch unabhängig davon, dass für diese Ausgaben jeweils eine unterschiedliche ISBN-Nummer besteht), lediglich ein einziger Mindestpreis gemeldet werden. Die Richtigkeit dieser Ansicht ergibt sich mE schon daraus, dass anderenfalls von Verlagen (exklusive) Mindestpreise für Händler festgesetzt werden könnten, die über ein eigenes Dateiformat zur Speicherung und zum Vertrieb von E-Books verfügen, was bei gleichem Inhalt der E-Books vor dem Hintergrund des Sinns und Zwecks der Buchpreisbindung nicht gerechtfertigt sein kann.

VI. Sonderpreise wie Serien-, Subskriptions- und Staffelpreise

13 Anders als in Deutschland[12] sind Sonderpreise im BPrBG 2023 zwar nicht extra geregelt, ein Verlag kann jedoch trotzdem **Sonderpreise** wie **Serien- und Subskriptionspreise** festsetzen und bekanntmachen, sofern diese Sonderpreise allgemein zugänglich und nicht an besondere Voraussetzungen (wie an das Bestehen eines Abonnements) gebunden sind. Auch die Festsetzung und Bekanntmachung von Sonderpreisen hat grundsätzlich über die Referenzdatenbank zu erfolgen, wobei auch diese Preismeldung erst nach erfolgter Bekanntmachung wirksam wird.

14 Durch die Festsetzung und Bekanntmachung von Sonderpreisen sollen Verlage keinen Vorteil für den Direktverkauf gegenüber Buchhändlern haben, weshalb die **Bücher bei Sonderpreisen** konsequenterweise **den Letztverkäufern zu analogen Konditionen** wie bei sonstigen Bestellungen zur Verfügung zu stellen sind. Wäre dies nicht der Fall, so könnten Verlage durch systematische Einführung von Sonderpreisen die Sicherstellung einer großen Vielfalt im Buch-

10 So auch *Wallenfels/Russ*, Preisbindungsgesetz[7] § 2 Rz 21.

11 Dabei ist es auch irrelevant, dass für diese Ausgabe zur Unterscheidung je nach Dateiformat jeweils unterschiedliche ISBN-Nummer bestehen.

12 Vgl § 5 Abs 4 dBuchPrG; *Wallenfels/Russ*, Preisbindungsgesetz[7] § 5 Rz 10ff.

vertrieb und so den Schutz des Buchs als Kulturgut selbst gefährden.[13] Entsprechend widersprechen Sonderpreise für einzelne Institutionen und deren Mitglieder der Intention des BPrBG 2023 und sind daher ungesetzlich.

Ein **Serienpreis** kann beispielsweise dann für eine Reihe von einzeln beziehbaren Bänden festgesetzt werden, wenn diese denselben Autor haben oder inhaltlich-thematisch zusammengehören und in der gleichen Aufmachung erscheinen.[14] 15

Ein **Subskriptionspreis** ist ein Einführungs- und Vorauszahlungspreis für ein Buch, wobei neben diesem Sonderpreis auch der Zeitraum, in dem das Buch zu diesem Preis erhältlich ist, festgelegt werden muss. Der Zeitraum für Subskriptionspreise endet üblicherweise spätestens drei Monate nach Erscheinen des Werks.[15] 16

Ein weiterer Fall sind **Staffelpreise,** welche von Verlagen für Bücher festgesetzt werden können, die regelmäßig in höheren Stückzahlen von Letztverbrauchern erworben werden. So ist es beispielsweise bei Steuerberatern durchaus üblich, dass diese ihren Klienten Bücher, welche Neuerungen und wesentliche Informationen im Steuerrecht enthalten, jährlich zukommen lassen und entsprechend eine höhere Stückzahl solcher Bücher abnehmen. Staffelpreise sind rechtlich jedoch immer dann problematisch, wenn sie anlassbezogen gemeldet werden, damit ein Verlag einen Rabatt für einen größeren Auftrag rechtfertigt. Wenn Staffelpreise so zur Umgehung der Buchpreisbindung missbraucht werden, ist eine entsprechende Preisfestsetzung nach mE rechtswidrig[16]. 17

VII. Sind Verlage bei der Preisfestsetzung völlig frei?

Verlage müssen zwar einen Mindestpreis festlegen, in der Höhe sind sie jedoch grundsätzlich frei. Eine gewisse Bindung an ein **„pflichtbewusstes Ermessen" der Verlage** könnte man aus § 1 BPrBG 2023 ableiten. Nach dessen Satz 2 soll das BPrBG 2023 *„ein breites und* 18

13 Bericht des Kulturausschusses, 316. der Beilagen zu den Stenographischen Protokollen des Nationalrates 25. GP.

14 Vgl *Wallenfels/Russ,* Preisbindungsgesetz[7] § 5 Rz 11.

15 Vgl *Wallenfels/Russ,* Preisbindungsgesetz[7] § 5 Rz 15.

16 Siehe dazu im Detail § 3 „Der Begriff „Gewerbsmäßigkeit" im BPrBG 2023", Rz 5ff.

qualitätvolles Angebot von Büchern, zu angemessenen Buchpreisen für die Öffentlichkeit sichern". Satz 3 präzisiert diesbezüglich noch, dass bei der Festsetzung von Mindestpreisen für die Veräußerung an Letztverbraucher *„auf die betriebswirtschaftlichen Gegebenheiten des Buchhandels*" Bedacht zu nehmen ist, um *„die hierfür nötige Vielfalt im Buchvertrieb durch eine große Zahl von Verkaufsstellen*" zu gewährleisten.

19 Durch die Systematik der Festsetzung von Mindestpreisen (gegenüber Fixpreisen) wurde im Kulturausschuss im Jahr 2000 zur Stammfassung des BPrBG alt demgegenüber die (praxisferne) Theorie aufgestellt, dass ungeachtet der Preisfestsetzungspflicht für alle preisgebundenen Waren der Verleger bewirken könne, dass sich der Preis der Ware auf dem freien Markt bildet, indem er einen entsprechend niedrigen Preis festsetzt.[17] Meiner Meinung nach sind dieser Freiheit der Verleger schon deshalb Grenzen gesetzt, weil die von ihnen festgesetzten Mindestpreise zumindest **Ausgangsbasis für ihre eigene Preisgestaltung gegenüber Letztverbrauchern und Wiederverkäufern** sein müssen, weil alles andere eine Umgehung der Preisbindung bewirken würde.

20 Demnach würde beispielsweise ein Verleger seine Preisfestsetzungspflicht umgehen, wenn er einen Mindestpreis für eine Ausgabe eines Buchtitels mit € 1,– festsetzt, diesen Buchtitel jedoch selbst auf Basis eines Preises von € 19,90 verkauft. Damit würde sich dieser Verleger, insbesondere gegenüber jenen Verlagen einen ungerechtfertigten Vorteil verschaffen, die realistische Preise für ihre Bücher und E-Books festsetzen. Ähnliches gilt auch im Fall, dass ein Verleger den Mindestpreis für ein Buch oder E-Book in kurzen Zeitabständen ändert und so die Preisfestsetzung selbst als ein Marketinginstrument missbraucht und so die Preisbindung umgeht.[18] Bestärkt wird diese Ansicht durch die bemerkenswerten Entscheidung *T-Bücher* des Obersten Gerichtshofs, in welcher das Höchstgericht ausgesprochen hat, dass bei der **Auslegung von Preisbindungsgesetzen** grundsätzlich von einer **wirtschaftlichen Betrachtungsweise** auszugehen ist und dass dabei das zentrale Anliegen des Gesetzes zu berücksichtigen ist, einen Preiswettbewerb zwischen Buchhändlern zum Schutz

17 Vgl Bericht des Kulturausschusses, 113 der Beilagen 21. GP 6.
18 Siehe dazu im Detail § 4 „Änderung von festgesetzten Preisen", Rz 21ff.

der Büchervielfalt und der Versorgung der Bevölkerung mit Büchern zu verhindern.[19]

VIII. Änderung von festgesetzten Preisen

Dem Verleger steht es grundsätzlich frei, eine einmal vorgenommene Preisfestsetzung jederzeit zu korrigieren und einen entsprechend veränderten Mindestpreis bekannt zu machen. **21**

Die **Änderung von festgesetzten Preisen** ist für Verleger schon deshalb von Bedeutung, weil sie damit darauf reagieren können, wenn sich eine ursprüngliche Preisfestsetzung als zu hoch erweist oder ein Buch- oder E-Booktitel aus anderen Gründen die Verkaufserwartungen nicht erfüllt und der Verleger durch eine Preisreduktion Lagerbestände abbauen bzw vernünftige Verkaufszahlen erreichen kann. Zu beachten ist jedenfalls, dass der geänderte Mindestpreis zuerst entsprechend den Kriterien des § 5 BPrBG 2023 veröffentlicht sein muss, damit die Preismeldung auch wirksam ist. **22**

Problematisch sind Preisfestsetzungen sicherlich **dann,** wenn sie für einen bestimmten Titel mehrfach in einem kurzen Zeitraum erfolgen und/oder ein Verleger/Importeur die Preisfestsetzungen als Marketinginstrument einsetzt, um günstige Kaufgelegenheiten oÄ vorzutäuschen. Solche Preisfestsetzungen laufen dem Zweck der einschlägigen Bestimmungen (§§ 4, 5 BPrBG 2023) zuwider und torpedieren auch das System des BPrBG 2023 selbst, weshalb sie schon als **Umgehungshandlungen** unzulässig sind.[20] **23**

Auch die Bewerbung einer einmaligen Preisherabsetzung des Mindestpreises eines preisgebundenen Buchs/E-Books kann problematisch sein. Dies ist insbesondere dann der Fall, wenn diese Bewerbung beispielsweise von einem Verlag in seinem eigenen Katalog als Marketinginstrument gegenüber Letztverbrauchern eingesetzt wird, um den Eindruck einer besonders günstigen Kaufgelegenheit (auch gegenüber den Preisen von anderen Letztverkäufern) zu erwecken. Tatsächlich ist bei solchen Werbungen mit ausreichender Deutlich- **24**

19 OGH 24. 10. 2019, 4 Ob 85/19g, *T-Bücher,* ÖBl 2020, 223 *(Majchrzak)* = ecolex 2020/62, 124 *(Tonninger).*

20 Siehe zu Gesetzesumgehungen im Detail § 3 „Der Begriff „Gewerbsmäßigkeit" im BPrBG 2023", Rz 5 ff.

keit darauf hinzuweisen, dass die Preisreduktion oder der Rabatt tatsächlich lediglich auf einer Herabsetzung des Mindestpreises fußt.

IX. Aufhebung des Mindestpreises?

25 Anders als in Deutschland hat der Verleger nach der österreichischen Gesetzeslage **keine Möglichkeit, die Preisbindung** für einen bestimmten Buchtitel **aufzuheben.** Praktisches Beispiel dafür ist das sogenannte „moderne Antiquariat".[21] Dadurch kann es unter anderem dazu kommen (und es kommt auch vielfach dazu), dass ein deutscher Verlag für ein deutschsprachiges Buch in Deutschland bereits die Preisbindung aufgehoben hat, während die Preisbindung in Österreich für dasselbe Buch nach wie vor gilt. In diesem Fall haben jedoch Importeure bei der Preisfestsetzung einen besonderen Gestaltungsspielraum.[22]

26 Während es Verlagen (und Importeuren unter bestimmten Voraussetzungen) nur möglich ist, einen Mindestpreis für eine Ausgabe eines Buchs/E-Books in Österreich herabzusetzen, nicht aber aufzuheben, können einzelne Exemplare eines physischen Buchs von der Preisbindung ausgenommen sein, wobei dies jedoch an bestimmte Voraussetzungen für das jeweilige Buch gebunden ist: In der Ausnahmebestimmung für Lagerabverkäufe des § 7 Abs 3 BPrBG 2023 ist diesbezüglich vorgesehen, dass für preisgebundene Bücher, deren Mindestpreis vor mehr als 24 Monaten zum ersten Mal bekannt gemacht wurde, die Preisbindung nicht mehr gilt, sofern deren Lieferzeitpunkt mehr als sechs Monate zurückliegt und der Verkauf solcher Waren ausdrücklich als „Lagerabverkauf" angekündigt wird.[23]

27 Schon in der Vorauflage wurde die Ansicht vertreten, dass diese Ausnahme für Lagerabverkäufe aufgrund der Gesetzessystematik somit nicht für Verleger gilt, weil diese den Mindestpreis entsprechend ihren Vorstellungen herabsetzen können.[24] Durch das BPrBG 2023 ist diesbezüglich in § 7 Abs 3 Satz 3 sogar eine ausdrückliche Klarstellung erfolgt: *„Die Ausnahme gilt nicht für Letztverkäuferinnen und Letztverkäufer, die selbst zur Festsetzung und Bekanntmachung*

21 Siehe dazu im Detail § 2 „Modernes Antiquariat", Rz 23 ff.

22 Siehe dazu im Detail § 4 „Preisfestsetzung durch Importeure", Rz 36 ff.

23 Siehe dazu im Detail § 7 „Ausnahme Lagerabverkäufe", Rz 37 ff.

24 Vgl *Tonninger*, Buchpreisbindung in Österreich^2 § 3 Rz 24.

eines Mindestpreises für diese Ware nach diesem Gesetz verpflichtet sind.“[25]

X. Preisempfehlung von ausländischen Verlegern

Durch die Novelle 2009 zum BPrBG alt wurde **ausländischen Verlegern** das Recht eingeräumt, **einen speziellen Preis für den österreichischen Markt zu empfehlen.** Davor war für Importeure von Büchern aus dem EWR grundsätzlich jener Preis Ausgangsbasis für die Preisfestsetzung, den der Verleger für den Verlagsstaat festgesetzt hatte. Eine zusätzliche Möglichkeit für den ausländischen Verleger, neben der Preisfestsetzung auf dem Heimatmarkt auch einen Preis für Österreich zu empfehlen, war nicht vorgesehen. **28**

Darin hat der **EuGH** eine zumindest theoretische Benachteiligung von Waren aus dem EWR auf dem österreichischen Markt und somit von Verlegern aus dem EWR auf dem österreichischen Markt gesehen.[26] **29**

Die alte Regelung hat bei aus Deutschland importierten Büchern zwangsläufig dazu geführt, dass deren Preise durch die höhere Umsatzsteuer auf Bücher in Österreich (10% in Ö anstatt 7% in D), zumeist knapp über den Schwellenpreisen, die in Deutschland festgesetzt wurden, zu liegen kamen. Durch die **Novellierung der Importregelung** haben nunmehr beispielsweise deutsche Verleger die Möglichkeit, punktuell (aber grundsätzlich auch für das gesamte Verlagssortiment) jene Mindestpreise in Österreich zu empfehlen, die sie in Deutschland als Endpreise[27] festgesetzt haben. **30**

Wenn ein deutscher Verleger für Österreich denselben Preis empfiehlt, den er in Deutschland festgesetzt hat, hat dies jedoch durch die unterschiedlichen Umsatzsteuersätze in Österreich und Deutschland automatisch zur Folge, dass ein Buch in Österreich einen gegenüber Deutschland leicht niedrigeren Nettopreis aufweisen muss. Entsprechend ist auch die Ausgangsbasis der Verleger für die Berechnung der Rabatte an Importeure entsprechend herabzusetzen. In der Praxis wurde von ausländischen Verlegern von dieser Mög- **31**

25 Siehe dazu im Detail § 7 „Ausnahme Lagerabverkäufe“, Rz 37ff.

26 EuGH 30. 4. 2009, Rs C-531/07, *Fachverband der Buch- und Medienwirtschaft*, MR 2009, 164.

27 Vgl § 5 Abs 1 dBuchPrG.

lichkeit, einen speziellen Preis für den österreichischen Markt zu empfehlen, soweit ersichtlich, bis dato nur in sehr geringem Umfang Gebrauch gemacht. Zumeist leitet sich der österreichische Preis noch immer vielmehr von der Mehrwertsteuerdifferenz ab (zB D: € 9,99 – A: € 10,30), wodurch vom Verleger jedoch kein spezieller Preis für den österreichischen Markt empfohlen wird.

32 Durch die Schaffung dieser Möglichkeit für ausländische Verleger ist damit auch theoretisch ausgeschlossen, dass ausländische Verleger und somit auch ausländische deutschsprachige Bücher auf dem österreichischen Markt ungleich behandelt werden.

33 Im Sinne der *Keck*-**Formel**[28] wurde durch die Neuregelung der Importregelung im Jahr 2009 zum BPrBG alt, welche auch in das BPrBG 2023 übernommen wurde, sichergestellt, dass der Absatz im Inland verlegter Bücher einerseits und der Absatz im Ausland verlegter und nach Österreich importierter Bücher andererseits rechtlich wie tatsächlich in gleicher Weise betroffen sind. Somit werden Erzeugnisse aus anderen Mitgliedstaaten nicht weniger günstig behandelt als inländische Erzeugnisse, weshalb die Regelung vom Verbot mengenmäßiger Einfuhrbeschränkungen und Maßnahmen gleicher Wirkung zwischen den Mitgliedstaaten in Art 34 AEUV nicht erfasst ist.[29]

A. Wie soll die Preisempfehlung durch ausländische Verleger geschehen?

34 Wenn ein ausländischer Verleger einen speziellen Mindestpreis für den österreichischen Markt festlegen will, so ist für ihn empfehlenswert, die Preismeldung sogleich über die **Referenzdatenbank** für Österreich, dem **Verzeichnis lieferbarer Bücher (VLB),** vorzunehmen. Dies bewirkt in der Praxis auch, dass Importeure dieser Bücher nach Österreich faktisch von der Preismeldung befreit sind. Wenn ein spezieller Preis für das österreichische Bundesgebiet empfohlen worden ist, hätten Importeure bei der Preismeldung im Übrigen ohnehin keinen Spielraum, sondern hätten diesen empfohlenen Preis zu melden, auch wenn sie die Bücher selbst zu einem höheren Preis

28 Vgl EuGH 24. 11. 1993, Rs C-267/91 und C-268/91, *Keck* und *Mithouard,* Slg 1993, I-6097, Rz 16f.

29 Vgl *Tonninger,* Buchpreisbindungsgesetz umgehend saniert, ecolex 2009, 971.

weiterverkaufen. In Österreich ist das VLB unter www.buchmarkt.at abrufbar.[30]

Zu erwähnen ist, dass eine Preismeldung in Österreich neben dem VLB grundsätzlich auch über den **Fachverband der Buch- und Medienwirtschaft** möglich ist.[31] Diese **alternative Preismeldungsmöglichkeit** ist insbesondere für Fälle vorgesehen, bei denen eine Preismeldung über die Referenzdatenbank VLB nicht möglich oder untunlich ist.[32] Dies trifft insbesondere auf Preismeldungen von Importeuren zu, wenn kein Preis (mehr) im Verlagsstaat festgesetzt ist. Preismeldungen von Verlegern sollten über die Referenzdatenbank VLB erfolgen, was für Verleger schon wegen der faktisch viel höheren Publizität des VLB auch große Vorteile bringt. 35

XI. Preisfestsetzung durch Importeure

Vorweg ist im Zusammenhang mit der Preisfestsetzung durch Importeure darauf hinzuweisen, dass durch die vom BPrBG 2023 übernommenen Regelungen der Novelle 2014 zum BPrBG alt der **Begriff des Importeurs** entscheidend ausgedehnt wurde, wodurch auch der grenzüberschreitende Handel mit Büchern und E-Books vollständig in den Anwendungsbereich des BPrBG 2023 einbezogen ist. Entsprechend sind sämtliche Letztverkäufer, die im grenzüberschreitenden Handel Bücher, E-Books und/oder Musikalien direkt an Letztverbraucher in Österreich verkaufen, „Importeure" iSd BPrBG 2023, wodurch sie insbesondere auch die Verpflichtung zur Preisfestsetzung (neben den Verpflichtungen, die sie als Letztverkäufer haben) trifft.[33] 36

Schon in der Vorauflage wurde ausgeführt, dass der **Importeur** in der Praxis jedoch nur dann einen Preis festsetzen wird, wenn nicht ohnehin schon ein Mindestpreis für ein Buch festgesetzt ist, der seinen Vorstellungen entspricht. Dies sei umso mehr relevant, weil Importeure **in der Praxis** ohnehin **vielfach an schon vorhandene Preisfestsetzungen gebunden** sind oder diese zumindest nicht un- 37

30 Siehe dazu im Detail § 5 „Möglichkeiten der Bekanntmachung – Referenzdatenbank VLB", Rz 8 ff.

31 Siehe dazu im Detail § 5 „Möglichkeiten der Bekanntmachung – Referenzdatenbank VLB", Rz 8 ff.

32 Vgl § 5 Abs 2 BPrBG 2023.

33 Siehe dazu im Detail § 3 „Importeur", Rz 17 f.

terschreiten dürfen, weshalb eine zusätzliche Preisfestsetzung für den Importeur auch regelmäßig keinen Sinn machen würde.[34]

38 Auch diesbezüglich hat der Gesetzgeber mit dem BPrBG 2023 eine ausdrückliche **Klarstellung** vorgenommen, indem im neuen § 4 Abs 4 BPrBG 2023 nun Folgendes festgehalten wird: „*Eine Preisfestsetzung durch die Importeurin oder den Importeur nach Abs. 1 bis 3 kann unterbleiben, wenn eine solche für eine bestimmte Ware im Sinne des § 2 bereits erfolgt und gemäß § 5 Abs. 1 bekanntgemacht worden ist.*" In den ErläutRV zu dieser Bestimmung wird jedoch auch darauf hingewiesen, dass die Verpflichtung dann wieder auflebt, wenn jene Preisfestsetzung, auf die sich der Importeur bezieht, wegfällt.[35]

39 Seit dem BPrBG 2023 ist nunmehr auch ein völlig neu geschaffener **Anspruch auf Auskunft** in das Gesetz eingeführt worden, der es ermöglichen soll, dass der Fachverband der Buch- und Medienwirtschaft und der Hauptverband des österreichischen Buchhandels gegen Preismeldeverstöße von Importeuren wirksam gehen können.[36]

40 Ist nämlich kein Mindestpreis für Österreich (mehr) gemeldet, so hat ein Importeur (also insbesondere auch ein ausländischer Letztverkäufer nach Österreich) die Pflicht, einen Preis für Österreich festzusetzen und gemäß den Regeln des BPrBG 2023 bekanntzumachen, um nicht selbst gegen das Gesetz zu verstoßen.

41 Tatsächlich gibt es für Importeure, je nach Titel und Ausgabe, unterschiedliche Ausgangssituationen, welche durch folgende Fallbeispiele erläutert werden:

A. Preisfestsetzung, wenn ein ausländischer Verleger für den österreichischen Markt einen speziellen Preis empfohlen hat

42 Bei importierten Büchern und E-Books trifft die Pflicht zur Preisfestsetzung grundsätzlich die Importeure. Ob diese bei der Preisfestsetzung einen Gestaltungsspielraum haben, hängt nach der Novelle 2009 zum BPrBG alt, wie aufgezeigt, davon ab, ob ein ausländischer Verleger für das österreichische Bundesgebiet einen besonderen Preis empfohlen hat.

34 Vgl *Tonninger*, Buchpreisbindung in Österreich[2] § 3 Rz 34.
35 ErläutRV 1743 BlgNR 27. GP 2.
36 Vgl § 6 BPrBG 2023.

Liegt eine solche **Preisempfehlung** vor, so hat der Importeur bei der Preisfestsetzung **keinen Gestaltungsspielraum** und muss den empfohlenen Preis entsprechend übernehmen. Scheint dieser Preis ohnehin schon im VLB auf, so erübrigt sich für den Importeur eine gesonderte Preismeldung, was nunmehr gemäß § 4 Abs 4 BPrBG 2023 auch ausdrücklich gesetzlich klargestellt wurde.[37] Durch die bestehende Preisfestsetzung im VLB ist der Letztverkäufer jedenfalls in die Lage versetzt, dass er das Buch/E-Book um den empfohlenen Preis dem Letztverbraucher verkauft kann; grundsätzlich könnte der Letztverkäufer jedoch auch einen höheren Preis verlangen (jedoch nicht festsetzen), weil in Österreich, anders als in Deutschland, kein Fixpreis, sondern lediglich ein Mindestpreis festgesetzt werden kann. **43**

Letztverkäufer in Österreich werden insbesondere dann einen höheren Preis verlangen, wenn ein ausländischer Verleger nur einen Preis für Österreich empfohlen hat, ohne seinen Österreich-Nettopreis an den Letztverkäufer entsprechend anzupassen.[38] Die Schaffung eines eigenen Österreich-Nettopreises ist jedoch nach meiner Einschätzung die logische Konsequenz einer Preisempfehlung eines ausländischen Verlegers. Sichergestellt bleibt durch die Bindung des Importeurs bei der Preisfestsetzung jedoch jedenfalls, dass die Letztverkäufer für Verkäufe nach oder in Österreich einen entsprechenden Preis verlangen dürfen. **44**

B. Preisfestsetzung, wenn keine Preisempfehlung für den österreichischen Markt vorliegt, jedoch ein Preis im Verlagsstaat festgesetzt ist

Hat ein ausländischer Verleger für den österreichischen Markt keinen besonderen Preis empfohlen, jedoch im Heimatstaat einen Preis festgesetzt, so darf der Importeur bei der Preisfestsetzung den vom Verleger für den Verlagsstaat festgesetzten oder empfohlenen **Min-** **45**

37 In den ErläutRV zu § 4 Abs 4 BPrBG 2023 wird jedoch auch darauf hingewiesen, dass die Verpflichtung dann wieder auflebt, wenn jene Preisfestsetzung, auf die sich der Importeur bezieht, wegfällt, ErläutRV 1743 BlgNR 27. GP 2.

38 Dies ist beispielsweise dann der Fall, wenn ein deutscher Verleger – trotz der unterschiedlichen Umsatzsteuer in Deutschland und Österreich – in Österreich denselben Preis empfiehlt, wie er ihn für Deutschland festgesetzt hat.

destpreis, abzüglich einer darin enthaltenen Umsatzsteuer und zuzüglich der Umsatzsteuer für Österreich, **nicht unterschreiten.** Klarstellend ist dazu auch in den ErläutRV zu § 4 BPrBG 2023 festgehalten, dass es sich bei dem in Abs 2 2. Satz erwähnten Mindestpreis um den im jeweiligen Verlagsstaat vom Verleger festgesetzten bzw empfohlenen Nettopreis zuzüglich der in Österreich jeweils geltenden Umsatzsteuer handelt.[39]

46 In der **Praxis** muss der Importeur somit vielfach keinen Preis mehr selbständig festzusetzen haben, wenn in der Referenzdatenbank VLB ohnehin schon jener Preis aufscheint, den der Importeur auch selbst festgesetzt hätte, was nunmehr gemäß § 4 Abs 4 BPrBG 2023 auch ausdrücklich gesetzlich klargestellt wurde.[40] Der Vollständigkeit halber ist zu erwähnen, dass ein Importeur in der Fallkonstellation B grundsätzlich auch die Möglichkeit hätte, einen höheren Preis als den von der Preisfestsetzung im Verlagsstaat abgeleiteten Preis festzusetzen. In der Praxis ist diese Möglichkeit jedoch völlig irrelevant.

47 Nur aus rechtshistorischer Sicht ist hier zu erwähnen, dass vor 2009 in § 3 Abs 3 BPrBG alt noch ausdrücklich die Möglichkeit vorgesehen war, dass der Importeur besondere Handelsvorteile weitergeben kann. Dies konnte entfallen, weil schon durch das modifizierte Importregime durch die Novelle zum BPrBG alt sichergestellt wurde, dass ausländische Verleger für Österreich eine eigene Preispolitik umsetzen können. Zudem hatte sich diese komplizierte Ausnahmebestimmung weder als praktikabel erwiesen, noch war sie geeignet, die Ungleichbehandlung von in- und ausländischen Büchern nach der alten Importregelung zu kompensieren.[41]

C. Preisfestsetzung, wenn kein Preis im Verlagsstaat festgesetzt/empfohlen oder der dort empfohlene Preis aufgehoben wurde

48 Hat ein ausländischer Verleger keinen Preis im Verlagsstaat festgesetzt/empfohlen oder hat er den für den Verlagsstaat festgesetzten/

39 ErläutRV 1743 BlgNR 27. GP 2.

40 Siehe dazu auch § 5 „Möglichkeiten der Bekanntmachung – Referenzdatenbank VLB“, Rz 8 ff.

41 Vgl *Tonninger*, Buchpreisbindungsgesetz umgehend saniert, ecolex 2009, 971; vgl auch EuGH 30. 4. 2009, Rs C-531/07, *Fachverband der Buch- und Medienwirtschaft*, Rz 27 (FN 9), MR 2009, 164.

empfohlenen Preis aufgehoben und hat der Verleger auch keinen Mindestpreis für Österreich empfohlen, so können **Importeure** den **Mindestpreis frei festsetzen** und sind auch nicht an den vormals im Verlagsstaat geltenden Preis gebunden.

Wenn für ein bestimmtes Buch (etwa aufgrund der alten Preisfestsetzung im Verlagsstaat) ein Mindestpreis festgesetzt/empfohlen ist und in der Folge der Preis im Verlagsstaat aufgehoben wird, so bleibt der Mindestpreis in Österreich, wenn dieser noch immer in der Referenzdatenbank aufscheint, so lange bestehen, bis ein Importeur von der Möglichkeit Gebrauch macht, einen von dieser ursprünglichen Preisfestsetzung abweichenden Mindestpreis festzusetzen. **49**

Scheint in der Referenzdatenbank kein Preis für ein bestimmtes Buch für Österreich auf und ist auch über die alternative Preismeldemöglichkeit kein Preis gemeldet worden,[42] so hat der **Importeur** nicht nur das Recht, sondern auch die **Pflicht, einen Preis festzusetzen,** weil für jedes deutschsprachige Buch/E-Book, das nach Österreich verkauft wird, ein Preis festgesetzt/bekanntgemacht sein muss. Kommt ein Importeur dieser Verpflichtung nicht nach, so begeht er selbst einen Verstoß gegen die §§ 4, 5 BPrBG 2023. **50**

XII. Preisfestsetzung bei reimportierten Büchern

Keine inhaltliche Änderung hat die Novelle 2009 zum BPrBG alt für die Preisfestsetzung bei **reimportierten Büchern** gebracht, wobei sich die entsprechende Regelung mittlerweile in § 4 Abs 3 BPrBG 2023 findet. Die Importregelung musste bezüglich reimportierter Bücher erhalten bleiben, weil sie nämlich genau den Vorgaben entspricht, die sich aus der einschlägigen Rechtsprechung des Europäischen Gerichtshofs zu Art 34 AEUV ergeben. **51**

Demnach muss im Falle eines Reimports der Importeur die Möglichkeit haben, den im Ausfuhrmitgliedstaat erzielten Vorteil eines günstigeren Preises im Endverkaufspreis weiterzugeben und in diesem Ausmaß den vom Verleger festgesetzten Verkaufspreis zu un- **52**

42 Siehe dazu auch § 4 „Möglichkeiten der Bekanntmachung – Referenzdatenbank VLB“, Rz 8ff.

terschreiten.[43] Diese Ausnahme durch die Reimportregelung ist jedoch **in der Praxis völlig bedeutungslos,** weil sie nicht auf Bücher anzuwenden ist, die zum Zweck ihrer Wiedereinfuhr ausgeführt werden. Ausdrücklich nimmt der Gesetzgeber nämlich Tatbestände aus dem Anwendungsbereich dieser Bestimmung aus, bei welchen das BPrBG 2023 umgangen werden soll.

53 Unmittelbar nach Inkrafttreten der neuen Importregelung im Jahr 2009, wurde diese vereinzelt in Bezug auf die Regelung für reimportierte Bücher als ungleichbehandelnd kritisiert.[44] Die vorgebrachten Argumente können aber schon deshalb nicht überzeugen, weil übersehen wird, dass sich reimportierte Bücher (also Bücher die ursprünglich aus Österreich ausgeführt wurden und nunmehr wieder importiert werden sollen) im Vergleich zur normalen Ware Buch zweifellos in einer Sondersituation befinden, weshalb sie auch nicht gleich behandelt werden müssen und durch eine Sonderregelung nicht diskriminiert sind.[45]

54 Durch die **Notifikation** des gesamten BPrBG 2023 und das Faktum, dass die Europäische Kommission im Notifikationsverfahren innerhalb der Stillhaltefrist weder Bemerkungen gemacht noch eine ausführliche Stellungnahme abgegeben hat, wurde deutlich, dass die gesetzlichen Bestimmungen des BPrBG 2023 und somit auch die Importregelungen im Einklang mit dem Unionsrecht stehen.[46]

43 Vgl IA vom 16. 6. 2009, 660/A 24. GP § 3 Abs 2 bis 4, letzter Absatz mit dem Verweis auf EuGH 10. 1. 1985, Rs 229/83, *Leclerc* ua, Slg 1985, 1 Rz 26f.

44 *Heidinger,* Aktuelle Entwicklungen im Bereich der Buchpreisbindung, MR 2009, 160 (163f).

45 Vgl *Tonninger,* Buchpreisbindungsgesetz umgehend saniert, ecolex 2009, 971.

46 Siehe dazu auch § 12 „Notifikation“, Rz 1ff.

Bekanntmachung des Mindestpreises

§ 5. (1) Die Verlegerin oder der Verleger beziehungsweise die Importeurin oder der Importeur hat den von ihr oder ihm für eine Ware im Sinne des § 2 festgesetzten Mindestpreis in einer vom Fachverband der Buch- und Medienwirtschaft in Zusammenarbeit mit dem Hauptverband des österreichischen Buchhandels gemeinsam bestimmten und öffentlich einsehbaren Referenzdatenbank rechtzeitig vor dem ersten Inverkehrbringen oder vor jeder Preisänderung bekannt zu machen.

(2) Für die Bekanntmachung von Preismeldungen, welche über die Referenzdatenbank nach Abs. 1 nicht möglich oder untunlich ist, ist vom Fachverband der Buch- und Medienwirtschaft auf eigene Kosten eine ständig abrufbare Website zu unterhalten.

(3) Die Pflicht zur Bekanntmachung des Preises besteht so lange, wie eine Ware im Sinne des § 2 noch von Letztverkäuferinnen oder Letztverkäufern vertrieben wird.

Stammfassung.

Übersicht

I. Verhältnis zum BPrBG alt

1 In der Nachfolgebestimmung des § 4 BPrBG alt wird entsprechend der neuen gesetzlichen Regelung nunmehr nicht mehr auf den (Netto-)Letztverkaufspreis, sondern den (Brutto-)Mindestpreis abgestellt. Neben redaktionellen Überarbeitungen aufgrund der geschlechtsneutralen Formulierung des Gesetzes wurde das Gesetz auch bezüg-

lich der Bekanntmachung an die seit Jahrzehnten in der Buchbranche gelebte Realität angeglichen.[1]

2 Jedenfalls ist die Rechtsprechung zur Bekanntmachung der Mindestpreise zum BPrBG alt auch weitestgehend auf die neue Bestimmung übertragbar.

II. Einleitung

3 Die Verpflichtung zur Preisfestsetzung nach § 4 BPrBG 2023 ist eng mit der **Verpflichtung zur Bekanntmachung** der festgesetzten Mindestpreise nach § 5 BPrBG 2023 verknüpft. Die Verpflichtung zur Bekanntmachung der festgesetzten Mindestpreise soll sicherstellen, dass alle Letztverkäufer über den jeweils geltenden Preis informiert sind oder sich die erforderlichen Informationen beschaffen können.[2]

4 Wie schon ausgeführt,[3] wäre nach dem BPrBG alt eigentlich der „Letztverkaufspreis" ohne Umsatzsteuer festzusetzen und bekannt zu machen gewesen. Verleger und Importeure haben jedoch seit jeher den sogenannten Mindestpreis (Letztverkaufspreis zuzüglich Umsatzsteuer) festgelegt und diesen veröffentlicht. Somit bringt jedoch die Änderung, dass nunmehr im Gesetz auf den (Brutto-)Mindestpreis und nicht mehr auf den (Netto-)Letztverkaufspreis abgestellt wird, für die Praxis keinen Anpassungsbedarf, weil damit vielmehr die gesetzliche Regelung an die ohnehin bestehende Praxis angepasst worden ist.

5 Zur ordnungsgemäßen Bekanntmachung von Buchpreisen in Österreich liegen auch zwei höchstgerichtliche Entscheidungen vor, nach denen insbesondere geklärt ist, dass die Bekanntmachung der Mindestpreise grundsätzlich auf der vom Fachverband der Buch- und Medienwirtschaft zusammen mit dem Hauptverband des österreichischen Buchhandels bestimmten **Referenzdatenbank Verzeichnis lieferbarer Bücher (VLB)** zu erfolgen hat.[4]

1 Vgl auch ErläutRV 1743 BlgNR 27. GP 3.

2 Vgl *Wallenfels/Russ,* Preisbindungsgesetz[7] § 5 Rz 5.

3 Siehe dazu im Detail § 3 „Mindestpreis", Rz 32 ff.

4 Siehe dazu im Detail § 5 „Möglichkeiten der Bekanntmachung – Referenzdatenbank VLB", Rz 8 ff; vgl auch ErläutRV 1743 BlgNR 27. GP 3.

III. Rückblick

6 In Anbetracht der Novellierung der Importregelung des BPrBG alt im Jahr 2009 sind folgende Feststellungen des Kulturausschusses aus dem Jahr 2000 in wesentlichen Teilen nur von rechtshistorischem Interesse:

„Da es im neuen System im Unterschied zum Sammelrevers nicht einen fixen Preis pro Titel geben wird, sondern (insbesondere bei den importierten Waren, aber auch bei in Österreich verlegten Büchern im Falle eines echten Reimports) pro Titel eine Mehrzahl von Letztverkaufspreisen je nach Importeur und ‚Charge' (= importierter Stückzahl) möglich ist, ist eine rasche und unbürokratische sowie Kosten sparende Bekanntmachung der einzelnen Letztverkaufspreise erforderlich, um die Preistransparenz für den Buchhändler bzw. Letztverkäufer analog zum Verzeichnis lieferbarer Bücher zu gewährleisten. Das Internet scheint hier das tauglichste Medium zu sein."

7 In der Praxis ist es jedoch auch vor der Novellierung der Importregelung des BPrBG alt im Jahr 2009 nicht vorgekommen, dass *„pro Titel eine Mehrzahl von Letztverkaufspreisen je nach Importeur und ‚Charge' (= importierter Stückzahl)"* gemeldet waren. Vielmehr war auch schon vor der Novelle pro Buch in der Regel nur ein Mindestpreis gemeldet und nur in Ausnahmefällen ist es zu einer Meldung eines abweichenden Mindestpreises gekommen.

IV. Möglichkeiten der Bekanntmachung – Referenzdatenbank VLB

8 Der Fachverband der Buch- und Medienwirtschaft und der Hauptverband des österreichischen Buchhandels, die vom Gesetzgeber die Verantwortung für ein Internetportal zur Bekanntmachung übertragen bekommen haben[5], haben das **Verzeichnis lieferbarer Bücher (VLB),** das für Österreich unter www.buchmarkt.at abrufbar ist, als zentrale **Referenzdatenbank** festgelegt.[6] Preismeldungen haben sohin für Österreich auch grundsätzlich über dieses Portal zu erfolgen. Solche Preismeldungen machen für Verleger doppelt Sinn, weil das

5 Bericht des Kulturausschusses, 113. der Beilagen zu den Stenographischen Protokollen des Nationalrates 21. GP; vgl auch ErläutRV 1743 BlgNR 27. GP 3.

6 ErläutRV 1743 BlgNR 27. GP 3.

VLB auch die zentrale Datenbank für die Buchsuche von Marktteilnehmern im deutschsprachigen Raum ist und nach eigenen Angaben die Daten von rund 2,5 Millionen Titeln aus mehr als 22.000 Verlagen beinhaltet.[7]

9 Die Regelung über die Referenzdatenbank wurde durch das BPrBG 2023 insofern **an die gelebte Realität angepasst,** als nunmehr nicht mehr vorgesehen ist, dass der Fachverband der Buch- und Medienwirtschaft und der Hauptverband des österreichischen Buchhandels *„eine Internetseite zu unterhalten"* haben, sondern dass eine **Referenzdatenbank von diesen Verbänden „zu bestimmen"** ist. In der Praxis ergeben sich durch diese Anpassung freilich keine Änderungen.

10 Schon vor dem BPrBG 2023 hatten sich der Fachverband der Buch- und Medienwirtschaft und der Hauptverband des österreichischen Buchhandels neben der Festlegung des VLB als Referenzdatenbank auch auf eine alternative Preisbekanntmachungsmöglichkeit verständigt, welche vom Fachverband der Buch- und Medienwirtschaft betrieben wird. Diese alternative Möglichkeit zur Bekanntmachung war seit jeher für Fälle gedacht, bei denen eine Bekanntmachung über die Referenzdatenbank VLB nicht möglich oder untunlich ist.

11 Mit dem BPrBG 2023 wurde diese **alternative Preismeldemöglichkeit** in § 5 Abs 2 BPrBG 2023 nunmehr ausdrücklich gesetzlich festgeschrieben. Entsprechend wird auch in den ErläutRV zu dieser Bestimmung ausgeführt, dass Abs 2 eine alternative Preismeldemöglichkeit auf einer Website vorsieht, die vom **Fachverband der Buch- und Medienwirtschaft** zu betreiben ist und auch bereits betrieben wird.[8]

12 Von dieser alternativen Preismeldemöglichkeit machen insbesondere Importeure von Büchern und E-Books Gebrauch, für die im Verlagsstaat keine Preismeldung (mehr) besteht, zumal die Bekanntmachungen der Mindestpreise im VLB von den Verlegern vorgenommen werden. Diese Preismeldung kann per E-Mail an buchwirtschaft@wko.at erfolgen und wird sodann auf der Unterseite des

---

7 Vgl VLB, Über uns, abrufbar unter: https://vlb.de/ueber-uns/ueber-uns (zuletzt besucht am 23. 2. 2023).

8 ErläutRV 1743 BlgNR 27. GP 3.

Fachverbands der Buch- und Medienwirtschaft der Website der Wirtschaftskammer Österreich veröffentlicht[9].

Dem Vernehmen nach ist vom Fachverband der Buch- und Medienwirtschaft aufgrund der nunmehrigen ausdrücklichen gesetzlichen Regelung angedacht, auf dessen Website eine eigene durchsuchbare Datenbank für diese alternativen Preismeldungen einzurichten, was vor dem Hintergrund der notwendigen Transparenz von Preismeldungen jedenfalls zu begrüßen wäre. 13

A. Höchstgerichtliche Rechtsprechung zur Bekanntmachung

Mit der Form der Bekanntmachung haben sich bisher **zwei höchstgerichtliche Entscheidungen** im Detail auseinandergesetzt. Hintergrund dieser Entscheidungen war jeweils, dass sich Marktteilnehmer darauf gestützt haben, ihre Preise in anderer Form (auf der eigenen Website oder in Prospekten oder sonstigen Ankündigungen) festgesetzt und/oder bekanntgemacht zu haben. Beide Entscheidungen sind zwar zum BPrBG alt ergangen, sind jedoch weitestgehend auf die neue Bestimmung übertragbar. Da die nunmehrige gesetzliche Regelung die gelebte Realität in der Buchbranche viel besser abbildet, hätte sich der OGH nach neuer Rechtslage wohl auch einigen Begründungsaufwand erspart, um zum inhaltlich selben Ergebnis zu kommen. 14

Erstmals hatte sich der **Oberste Gerichtshof im Jahr 2007** in einer exekutionsrechtlichen Entscheidung[10] aufgrund einer Impugnationsklage im Rahmen einer Unterlassungsexekution mit der Festsetzung und Bekanntmachung von Letztverkaufspreisen/Mindestpreisen zu beschäftigen. 15

In dieser Entscheidung stellte der OGH unmissverständlich fest, dass Letztverkaufspreise/Mindestpreise durch Veröffentlichung auf der eigenen Website des Importeurs nicht wirksam bekannt gemacht werden können. Dies – so das Höchstgericht – ergibt sich aus § 4 Abs 1 iVm Abs 2 BPrBG alt und dem mit der Veröffentlichungspflicht verfolgten Gesetzeszweck, der im Bericht des Kulturausschus- 16

9 Siehe http://wko.at/buchwirtschaft (zuletzt besucht am 23. 2. 2023).
10 OGH 19. 12. 2007, 3 Ob 205/07d.

ses zur Stammfassung des BPrBG alt[11] wie folgt zum Ausdruck gebracht wurde:

„Da die Preisfestsetzungspflicht gemäß § 3 auch den einzelnen Buchhändler bei Kleinstimporten treffen wird, dieser von der Bekanntmachungspflicht übermäßig belastet würde, ist es notwendig, das entsprechende Veröffentlichungsmedium dafür bereitzustellen. Die Verantwortung für dieses Internetportal bzw Datenbank soll beim Bundesgremium in Zusammenarbeit mit dem Hauptverband liegen.“

17 Damit erteilte der OGH zugleich der von *Berka/Eilmansberger*[12] vertretenen Auffassung, dass die Bereitstellung der in § 4 Abs 2 BPrBG alt genannten Internetseite *„keine Verpflichtung für Verleger oder Importeure [mit sich bringe], dieses Angebot zu nutzen und die Preisbekanntmachung genau oder ausschließlich dort vorzunehmen“*, eine klare Absage. So führt der OGH diesbezüglich aus: *„Entgegen der im zitierten Schrifttum vertretenen Auffassung ist das vom Bundesgremium zur Verfügung gestellte Internetportal nicht bloß eine unverbindliche Serviceleistung, die von den Verlegern und Importeuren nicht in Anspruch genommen werden müsste.“*[13]

18 Wie der OGH weiters völlig zutreffend festhält, ist § 4 BPrBG alt nach dem **Zweck der Veröffentlichungspflicht** vielmehr dahin auszulegen, dass die Veröffentlichung stets auf der vom Bundesgremium unterhaltenen Internetseite[14] zu erfolgen hat, weil anders die angestrebte Transparenz des verbindlichen Buchpreises nicht hergestellt werden kann. Der OGH weist im Übrigen darauf hin, dass sich aus dem Preisfestsetzungsrecht der Importeure auch die systembedingte Besonderheit ergibt, dass für dieselbe Ware je nach Importeur verschiedene Letztverkaufspreise/Mindestpreise bestehen

11 Bericht des Kulturausschusses, 113. der Beilagen zu den Stenographischen Protokollen des Nationalrates 21. GP.

12 *Berka/Eilmansberger,* Das Buchpreisbindungsgesetz auf dem Prüfstand des Verfassungsrechts und Gemeinschaftsrechts, WBl 2007, 205 (206, FN 8).

13 OGH 19. 12. 2007, 3 Ob 205/07d.

14 Womit der OGH wohl eigentlich die von den Verbänden bestimmte Referenzdatenbank VLB meint, was sich aus der Formulierung des BPrBG alt in Zusammenschau mit der sonstigen Entscheidung und daraus ergibt, dass die alternative Preismeldemöglichkeit beim Fachverband der Buch- und Medienwirtschaft noch nicht im Gesetz erwähnt wurde.

können, wonach der OGH Folgendes festhält: „*Bei mehreren tausend Buchhändlern in Österreich, von denen jeder zu Buchimporten berechtigt ist, liegt es auf der Hand, dass mit einer Veröffentlichung des von einem Importeur festgelegten Buchpreises nur auf dessen eigener Homepage eine verlässliche Bekanntmachung nicht bewerkstelligt werden kann und dass die Ermittlung dieses Preises durch einen Letztverkäufer praktisch unmöglich ist, müsste er sich doch bei einer Vielzahl von ihm gar nicht bekannten Importeuren kundig machen.*“[15]

Dieses Urteil bestätigte der **OGH im Jahr 2013** in seiner **Entscheidung** *Buch*[16] ausdrücklich, in dem er – obwohl es in gegenständlichem Verfahren auf die Vertretbarkeit der Rechtsauffassung der Beklagten nicht ankam – feststellte, dass die Veröffentlichung des Mindestpreises auf der eigenen Website des Importeurs seit der – zuvor besprochenen – Entscheidung aus dem Jahr 2007 jedenfalls nicht mehr als vertretbare Rechtsansicht ins Treffen geführt werden kann. Wie vom Höchstgericht zutreffend ausgeführt, ist die diesbezügliche Rechtslage nämlich bereits abschließend geklärt und hat eine Veröffentlichung im Internet zwingend auf der nach § 4 Abs 2 BPrBG alt eingerichteten Website zu erfolgen. 19

Wie schon ausgeführt, sind die oben angeführten Entscheidungen weitestgehend **auf die neue Rechtslage übertragbar,** obwohl sie zum BPrBG alt ergangen sind. Nach den neuen Bestimmungen geht vielmehr noch klarer hervor, dass der Fachverband der Buch- und Medienwirtschaft in Zusammenarbeit mit dem Hauptverband des österreichischen Buchhandels eine Referenzdatenbank zu bestimmen hat, wobei in den Materialen sogar ausdrücklich erwähnt ist, dass die Verbände aktuell das VLB als Referenzdatenbank bestimmt haben, welches derzeit über die Webadresse http://www.buchmarkt.at/suche abrufbar ist.[17] 20

V. Zeitpunkt der Bekanntmachung

Sowohl die Bekanntmachung von Mindestpreisen, als auch von Änderungen dieser Preise oder die Bekanntmachung von abweichenden 21

15 OGH 19. 12. 2007, 3 Ob 205/07d.

16 OGH 17. 4. 2013, 4 Ob 55/13m, *Buch,* ÖBl 2013, 208 *(Gamerith)* = MR 2013, 191.

17 ErläutRV 1743 BlgNR 27. GP 3.

Mindestpreisen hat jeweils **vor dem ersten Inverkehrbringen** eines Buchs oder eines E-Books und vor jeder Preisänderung zu erfolgen.

22 Somit wird eine Preismeldung erst mit deren Bekanntmachung insbesondere in der Referenzdatenbank VLB wirksam.

VI. Unterschiedliche Mindestpreise?

23 Durch die Novelle 2009 zum BPrBG alt und dem damit verbundenen Wegfall der Möglichkeit für Importeure besondere Handelsvorteile weiterzugeben, sind die praktischen Fälle, in denen es zur Festsetzung unterschiedlicher Mindestpreise kommen kann bzw eine solche Festsetzung abweichender Mindestpreise Sinn ergibt, noch weiter zurückgegangen.

24 Einzig wirklich **praktische Bedeutung hat jener Fall,** bei dem **kein Preis für das österreichische Bundesgebiet empfohlen** wurde und im Verlagsstaat entweder kein Preis **festgelegt** oder empfohlen wurde und/**oder ein früher festgesetzter Preis aufgehoben wurde.** Treffen diese Voraussetzungen zu, so sind Importeure berechtigt und verpflichtet, einen Mindestpreis für eine Ausgabe eines Buchs bzw eines E-Books zu melden, wenn für diese Ausgabe noch kein entsprechender Mindestpreis gemeldet wurde und/oder der gemeldete Mindestpreis nicht dem geplanten Verkaufspreis entspricht.

25 Keine praktische Bedeutung für unterschiedliche Preisfestsetzungen hat der Regelfall, dass Bücher importiert werden, für die im Verlagsstaat vom Verleger ein Preis festgesetzt ist und der ausländischer Verleger für das österreichische Bundesgebiet keinen speziellen Preis empfohlen hat. Da in diesem Fall der Importeur grundsätzlich, an den im Verlagsstaat festgesetzten Preis gebunden ist (unter Berücksichtigung der unterschiedlichen Umsatzsteuer) und es ihm lediglich noch möglich wäre, entweder denselben oder einen höheren Mindestpreis festzusetzen und bekanntzumachen, macht eine solche Preisfestsetzung für den Importeur wirtschaftlich wohl keinen Sinn. Entsprechend ist davon auszugehen, dass in diesem Fall von der (praxisfernen) Möglichkeit, einen abweichenden (höheren) Mindestpreis festzusetzen, wie schon bisher, nicht Gebrauch gemacht wird.

26 Schließlich wird auch die nach wie vor bestehende Möglichkeit der Meldung von abweichenden Preisen für österreichische, reimportierte Bücher weiterhin keine Relevanz haben. Grund dafür ist, dass diese Ausnahme bei Gesetzesumgehungen nicht zur Anwendung

kommt: So ist es untersagt, einen günstigeren Preis für Bücher festzusetzen, die man ausgeführt hat, um sie später wieder einzuführen.

VII. Beispiel für unzulässige Preisbekanntmachungen aus der Praxis

Neben den klassischen Fällen von Verstößen gegen die Preisfestsetzungs- und Bekanntmachungspflicht, bei denen die Preise entweder nicht oder nicht ordnungsgemäß in den dafür vorgesehenen Datenbanken veröffentlicht worden sind, ist es auch ein Verstoß gegen die einschlägigen Verpflichtungen, wenn in der Referenzdatenbank VLB lediglich ein **„Unverbindlicher Verkaufspreis“** bekanntgemacht wird. In der Praxis ist es auch vorgekommen, dass mit einem (günstigeren) Serienpreis für Bücher geworben wurde, obwohl nicht im Vorhinein ein solcher Serienpreis festgesetzt und bekanntgemacht worden ist, was wiederum ein Verstoß gegen das Ankündigungsverbot von Rabatten ist. 27

Anspruch auf Auskunft

§ 6. (1) Letztverkäuferinnen und Letztverkäufer von Waren im Sinne des § 2, für die gemäß § 5 kein Mindestpreis bekanntgemacht ist, haben dem Fachverband der Buch- und Medienwirtschaft und dem Hauptverband des österreichischen Buchhandels auf deren schriftliches und begründetes Verlangen binnen 14 Tagen richtig und vollständig Auskunft darüber zu geben, ob sie die Ware selbst importiert haben oder, unter Angabe von Namen oder Firma und vollständiger Anschrift, von wem die Ware allenfalls im Inland bezogen wurde.

(2) Die Verpflichtung nach Abs. 1 trifft auch Unternehmen, die Waren im Sinne des § 2 an Letztverkäuferinnen und Letztverkäufer veräußert haben und von diesen als Bezugsquelle benannt wurden.

Stammfassung.

Übersicht

I. Verhältnis zum BPrBG alt

Der **Anspruch** auf Auskunft wurde mit dem BPrBG 2023 völlig **neu** in das Buchpreisbindungsgesetz eingeführt. Entsprechend gibt es weder eine Vorgängerbestimmung im BPrBG alt noch Judikatur zu dieser Bestimmung. **1**

II. Hintergrund

In der Praxis kommt es gerade bei Rabattwerbungen mit Büchern des sogenannten modernen Antiquariats regelmäßig vor, dass davon Bücher betroffen sind, für die kein Mindestpreis für Österreich ordnungsgemäß bekanntgemacht ist. **2**

Fraglich ist in diesem Zusammenhang, wer für diesen Verstoß gegen die Verpflichtung zur Preisfestsetzung und Bekanntmachung verantwortlich ist. **3**

4 Bei in Österreich verlegten Büchern ist die Frage einfach zu beantworten, weil den **Verleger** des jeweiligen Buchs die **Verantwortung** trifft, dass ein Mindestpreis vor dem Inverkehrbringen festgesetzt und bekanntgemacht wird.[1] Insofern bedarf es hier auch des Auskunftsanspruchs nicht.

5 Bei Büchern, die nicht in Österreich verlegt werden, ist grundsätzlich der Importeur dieser Bücher verantwortlich, dass Mindestpreise für von ihm importierten Bücher festgesetzt und bekanntgemacht werden.[2] Eine Preisfestsetzung kann lediglich unterbleiben, wenn für ein Buch ohnehin bereits eine Preisfestsetzung erfolgt ist und diese Preisfestsetzung ordnungsgemäß in der Referenzdatenbank bekanntgemacht worden ist,[3] wobei in den ErläutRV jedoch auch darauf hingewiesen wird, dass die Verpflichtung dann wieder auflebt, wenn jene Preisfestsetzung, auf die sich der Importeur bezieht, wegfällt.[4] Wenn ein Letztverkäufer ein preisgebundenes importiertes Buch anbietet, für das kein Mindestpreis ordnungsgemäß festgesetzt und bekanntgemacht worden ist, ist nicht ersichtlich, ob der Letztverkäufer dieses Buch selbst importiert oder dieses Buch von einem Importeur erworben hat. Genau für diesen Fall wurde der **Auskunftsanspruch** geschaffen.

6 Der Auskunftsanspruch dient somit dazu, dass man die Verpflichtung der Importeure besser überwachen und Verstöße gegen deren Verpflichtung zur Preisfestsetzung und ordnungsgemäßen Bekanntmachung von Mindestpreisen besser verfolgen kann. Gerade weil man solche Verstöße auch im Zusammenhang mit importieren Büchern verhindern will, wurde der gegenständliche Auskunftsanspruch für den Fachverband der Buch- und Medienwirtschaft sowie den Hauptverband des österreichischen Buchhandels eingeführt.

III. Ausgestaltung des Auskunftsanspruchs

7 Der neu eingeführte Auskunftsanspruch ist ein zivilrechtlich durchsetzbarer **Leistungsanspruch,** womit sichergestellt werden soll, dass gegen Preismeldeverstöße auch vorgegangen werden kann und Im-

1 Vgl § 4 Abs 1 sowie § 5 Abs 1 BPrBG 2023.
2 Vgl auch ErläutRV 1743 BlgNR 27. GP 3.
3 Vgl § 4 Abs 4 BPrBG 2023.
4 ErläutRV 1743 BlgNR 27. GP 2.

porteure ihrer Verpflichtung, Mindestpreise festzusetzen und bekanntzumachen, auch entsprechend nachkommen.[5]

Geltend gemacht kann der Auskunftsanspruch vom **Fachverband der Buch- und Medienwirtschaft** und vom **Hauptverband des österreichischen Buchhandels.** Aufgrund eines **begründeten Verlangens** eines dieser Verbände hat der Letztverkäufer dem anfragenden Verband gemäß § 6 Abs 1 BPrBG 2023 binnen 14 Tagen richtig und vollständig Auskunft darüber zu geben, ob er die Ware selbst importiert hat oder, unter Angabe von Namen oder Firma und vollständiger Anschrift, von wem die Ware allenfalls im Inland bezogen wurde. 8

Da es möglich ist, dass der Letztverkäufer ein importiertes Buch nicht direkt vom Importeur, sondern von einem Mittelsmann bezogen hat, sieht § 6 Abs 2 BPrBG 2023 vor, dass die Verpflichtung zur Auskunft auch Unternehmen trifft, die Bücher an Letztverkäufer veräußert haben und von diesen als Bezugsquelle benannt wurden. 9

IV. Bewertung des neuen Auskunftsanspruchs

Mit dem neuen Auskunftsanspruch wird dem Fachverband der Buch- und Medienwirtschaft und dem Hauptverband des österreichischen Buchhandels ein Instrument in die Hand gegeben, um gegen Preismeldeverstöße von Importeuren wirksam vorzugehen. Nach der bisherigen Rechtslage konnte man vielfach nur Vermutungen anstellen, ob ein Letztverkäufer ein Buch auch selbst importiert hat und somit auch dafür verantwortlich war, dass für dieses Buch kein Mindestpreis ordnungsgemäß festgesetzt und bekanntgemacht war. 10

Dies hatte schon deshalb große praktische Bedeutung, weil das Rabattwerbeverbot der Preisbindungsvorschrift die Ankündigung von Unterschreitungen des Mindestpreises verbietet, was wohl voraussetzt, dass ein solcher Mindestpreis überhaupt festgesetzt und bekanntgemacht wurde. 11

In der Praxis betreffen Rabattwerbungen vielfach auch Bücher des neuen Antiquariats und somit oftmals Bücher, die in Deutschland verlegt worden sind und deren Preis nach den deutschen Regelungen aufgehoben wurde. Eine solche Aufhebung des Mindestpreises 12

5 ErläutRV 1743 BlgNR 27. GP 3.

ist nach der österreichischen Gesetzessystematik jedoch gar nicht möglich. In Österreich können zwar Preise neu festgelegt bzw herabgesetzt werden, jedoch muss für alle verkauften deutschsprachigen Bücher und E-Books ein Mindestpreis ordnungsgemäß festgesetzt und bekanntgemacht sein, wofür der Importeur des jeweiligen Buchs verantwortlich ist.[6]

13 Der nunmehr eingeführte Auskunftsanspruch wird es hoffentlich ermöglichen, dass der konkrete Importeur eines preisgebundenen Buchs vergleichsweise rasch und unbürokratisch von den Verbänden bzw deren Vertretern ermittelt werden kann.

6 Siehe dazu im Detail § 4 „Preisfestsetzung durch Importeure", Rz 36ff.

Preisbindung

§ 7. (1) Letztverkäuferinnen und Letztverkäufer dürfen bei Veräußerung von Waren im Sinne des § 2 an Letztverbraucherinnen und Letztverbraucher den nach § 4 festgesetzten Mindestpreis höchstens bis zu 5% unterschreiten.

(2) Letztverkäuferinnen und Letztverkäufer dürfen im geschäftlichen Verkehr zu Zwecken des Wettbewerbs eine Unterschreitung des Mindestpreises im Sinne des Abs. 1 nicht ankündigen.

(3) Die Verpflichtung nach Abs. 1 gilt nicht für Waren im Sinne des § 2, deren Mindestpreis vor mehr als 24 Monaten zum ersten Mal gemäß § 5 bekannt gemacht wurde und deren Lieferzeitpunkt länger als sechs Monate zurückliegt. Letztverkäuferinnen und Letztverkäufer können sich auf diese Ausnahme nur berufen, wenn sie den Verkauf solcher Waren ausdrücklich als „Lagerabverkauf" ankündigen. Die Ausnahme gilt nicht für Letztverkäuferinnen und Letztverkäufer, die selbst zur Festsetzung und Bekanntmachung eines Mindestpreises für diese Ware nach diesem Gesetz verpflichtet sind.

(4) Das Vorliegen der Voraussetzungen nach Abs. 3 ist von der Letztverkäuferin oder vom Letztverkäufer nachzuweisen.

Stammfassung.

Übersicht

I. Verhältnis zum BPrBG alt

1 Die zentrale Preisbindungsvorschrift des § 7 BPrBG 2023 ist die Nachfolgebestimmung des § 5 BPrBG alt. Wirkliche Änderung hat die Bestimmung nur insofern erhalten, als die **Ausnahmeregelung für Lagerabverkäufe** in Abs 3 präziser geregelt wird, um Umgehungen der Buchpreisbindung hintanzuhalten und Verstöße leichter verfolgbar zu machen. Daneben gibt es in der Bestimmung lediglich redaktionelle Anpassungen aufgrund der geschlechtsneutralen Formulierung des Gesetzes und dem Faktum, dass das Gesetz nunmehr auf den Mindestpreis abstellt.[1]

2 Jedenfalls ist die Rechtsprechung zur zentralen Bestimmung der Preisbindung des BPrBG alt auch weitestgehend auf die neue Bestimmung übertragbar.

II. Einleitung und Aufbau der Regelung

3 Neben der Regelung über die Preisfestsetzung ist die Regelung über die **Preisbindung** die zentrale Bestimmung im BPrBG 2023. Die österreichische Regelung sieht keinen Fixpreis, sondern lediglich einen Mindestpreis vor, wobei von diesem Mindestpreis ein Rabatt von 5% gewährt werden darf, solange dieser Rabatt nicht angekündigt wird.

4 Dieses grundsätzlich **einfache Prinzip** ist für den Rechtsunterworfenen durch den Aufbau des § 7 BPrBG 2023 nicht einfach zu verstehen. So ist mit § 7 Abs 1 BPrBG 2023 die grundsätzliche Regelung vorangestellt, dass der Mindestpreis von preisgebundenen Büchern und E-Books um bis zu 5% unterschritten werden darf. Diese Möglichkeit zur Unterschreitung des Mindestpreises bezieht sich jedoch nur auf das Gewähren von Rabatten. In § 5 Abs 2 BPrBG 2023 ist nämlich das generelle Verbot festgeschrieben, dass Letztverkäufer im geschäftlichen Verkehr zu Zwecken des Wettbewerbs eine Unterschreitung des Mindestpreises nicht ankündigen dürfen.

III. Mindestpreis versus Fixpreis

5 Der österreichische Gesetzgeber hat sich aus verfassungsrechtlichen Gründen schon in der Stammfassung des BPrBG alt gegen einen einzuhaltenden **Fixpreis** und für einen **Mindestpreis** entschieden,

1 Vgl auch ErläutRV 1743 BlgNR 27. GP 3.

um den Eingriff in die Erwerbsausübungsfreiheit möglichst gering zu halten.[2]

Damit unterscheidet sich die österreichische von der deutschen Rechtslage, nach der für Buchhändler ein fester Ladenpreis vorgegeben und so ein Abweichen weder nach oben noch nach unten zugelassen ist.[3] 6

IV. Was ist Ankündigen iSd § 7 Abs 2 des BPrBG 2023?

Durch die gesetzliche Regelung stellt sich insbesondere die Frage nach der Unterscheidung zwischen Ankündigung und Gewähren iSd BPrBG 2023. Als Ankündigung iSd Gesetzes ist **jede Bekanntmachung bzw Werbung mit einem Rabatt** zu verstehen, die über das bloße Anbieten eines 5%-igen Rabatts im Zuge eines Verkaufsgesprächs oder den Abzug eines entsprechenden Rabatts im Zuge des Zahlungsvorgangs hinausgeht. 7

Anders als beispielsweise Zugabenankündigungen an Verbraucher nach alter Rechtslage im UWG, für die „eine öffentliche Bekanntmachung oder andere Mitteilung, die für einen größeren Personenkreis bestimmt ist,“[4] verlangt wurde, ist eine besondere Qualifikation einer Ankündigung nach dem BPrBG 2023 nicht vorgesehen. Daher gleicht die Regelung des BPrBG 2023 vielmehr der mittlerweile ebenfalls aufgehobenen Bestimmung über das Ankündigen von Zugaben gegenüber Unternehmern gemäß § 9 Abs 1 Z 2 UWG aF, nach der Ankündigungen auch kein besonderes Publizitätserfordernis erfüllen mussten.[5] 8

Zumindest werden an das **Publizitätserfordernis** einer Ankündigung nach dem BPrBG 2023 keine allzu hohen Anforderungen zu stellen sein. Jedenfalls reicht so eine **Ankündigung im Schaufenster** einer Buchhandlung aus, sei es durch ein Plakat oder durch eine sonstige Ankündigung eines Rabatts oder eines Buchpreises unter dem Mindestpreis. Im **Online-Bereich** sind auch gegenüber dem 9

2 Bericht des Kulturausschusses, 113. der Beilagen zu den Stenographischen Protokollen des Nationalrates 21. GP, § 5 Abs 1.

3 Vgl *Wallenfels/Russ,* Preisbindungsgesetz[7] § 3 Rz 1.

4 Vgl § 9a Abs 1 Z 1 UWG aF.

5 Vgl zum unterschiedlichen Ankündigungsbegriff im UWG *Wiltschek,* UWG[7] E 173 zu § 9a aF.

Mindestpreis reduzierte Preisangaben bei Büchern und E-Books jedenfalls dann als Ankündigung zu werten, wenn diese bereits auf Übersichts- bzw Produktseiten und nicht erst im Rahmen des Zahlungsvorgangs aufscheinen.

10 Ferner entsprechen das **Verteilen** von **Flugzetteln** oder **Prospekten** und schon das Auflegen von Flugzetteln zur freien Entnahme Ankündigungen nach dem BPrBG 2023. Selbstverständlich sind auch **Inserate** mit Rabattankündigungen oder Gutscheinen oder entsprechende Veröffentlichungen im Internet, im Radio oder Fernsehen Ankündigungen von Rabatten iSd § 7 Abs 2 BPrBG 2023.

V. Beispiele von unzulässigen bzw irreführenden Ankündigungen

11 Wird beispielsweise ein *„Nachlass von 10% auf sämtliche ‚Jamie Oliver'-Produkte"* beworben und befinden sich unter diesen Produkten auch preisgebundene Bücher und/oder werden preisgebundene Bücher nicht ausdrücklich von der Rabattankündigung ausgenommen, liegt ein Verstoß gegen das Ankündigungsverbot des § 7 Abs 2 BPrBG 2023 (im Falle des Gewährens auch ein Verstoß gegen § 7 Abs 1 BPrBG 2023) vor.

12 Gegen das **Ankündigungsverbot** verstoßen jedenfalls auch die Ankündigungen wie *„4 + 1 gratis Große Taschenbuchaktion"* und/oder *„Rabatt: ua Taschenbuch 4 + 1 gratis"*: Vor dem Hintergrund dieser Ankündigungen musste sich eine große Buchhandelskette in einem Unterlassungsvergleich allgemein dazu verpflichten, es zu unterlassen, für preisgebundene Waren gegenüber Letztverbrauchern Unterschreitungen des Mindestpreises anzukündigen. Wegen einer weiteren Ankündigung der verpflichteten Buchhandelskette wurde auf Grundlage dieses Vergleichs Unterlassungsexekution gegen die verpflichtete Buchhandelskette geführt, in welcher eine Geldstrafe von € 20.000,– über die verpflichtete Buchhandelskette verhängt wurde. Dies hat der Oberste Gerichtshof in einer interessanten Entscheidung bestätigt.[6]

13 Konkret ging es bei dieser **höchstgerichtlichen Entscheidung** um die Frage, ob folgender Werbespot, der zu zwei Zeitpunkten auf dem österreichweit ausgestrahlten Radiosender Ö3 geschaltet wurde,

6 Vgl OGH 25. 2. 2021, 3 Ob 7/21g.

gegen den Exekutionstitel verstoßen hat: „*Das geht raus an alle Rabattmarkerlkleber, Treuepunkt-Millionäre, Großwildschnäppchenjäger und heftige Gutscheinheftsammler. Haaaaalt, es geht auch einfacher, zum Beispiel bei T*****, da gibts den Sale, bis zu 70% Rabatt und eine große Taschenbuch-Aktion, aber nur für kurze Zeit, vor Ort und auf t*****.at* [. . .]." Der OGH bestätigte dabei die Entscheidung des Rekursgerichts, dass durch die Ankündigung einer „*großen Taschenbuchaktion*" ein Titelverstoß verwirklicht wird, weil damit beim Konsumenten nicht nur die Vorstellung bewirkt werde, dass hier viele Waren zum Verkauf gelangten, sondern dass man etwas günstiger erhalte, dass also frühere Preise unterschritten werden. Ebenso wurde die Titelwidrigkeit der Ankündigungen eines „*Sale*" und einer „*Rabattgewährung bis zu 70%*" bestätigt, weil diese Ankündigungen vom Publikum nur so verstanden werden können, dass sich diese auf das gesamte Warensortiment der Verpflichteten und damit insbesondere auch auf preisgebundene Bücher beziehen können.[7] Der Oberste Gerichtshof wies in seiner Entscheidung im Zuge der Bestätigung der Strafhöhe auch die Schutzbehauptungen der Verpflichteten ausdrücklich wie folgt zurück: „*Von einem bloß geringfügigen Titelverstoß kann hier ebenso wenig die Rede sein wie von einem Grenzfall.*"[8]

Auch die Ankündigung, dass vom Erlös eines preisgebundenen Buchs/E-Books „*5% an eine wohltätige Organisation*" gespendet werden, ist mE unzulässig, weil die Ankündigung einer Spende bei Kauf von preisgebundenen Büchern/E-Books zumindest **mittelbar eine Rabattankündigung** ist. So erwirbt der Kunde neben dem preisgebundenen Buch/E-Book, für das er lediglich den Mindestpreis bezahlt, auch eine Spendenzusage. Auch solche Aktionen sind mit dem Sinn und Zweck des BPrBG 2023, durch das Bücher bei Letztverkäufern grundsätzlich zu gleichen Konditionen erhältlich sein sollen, nicht vereinbar. 14

Weitere **Beispiele von Verstößen gegen das Ankündigungsverbot von Rabatten aus der Praxis:** 15

- die Ankündigung eines „Blätterpasses" durch welchen man 15% auf jedes sechste eingekaufte Buch erhält,

7 Vgl OGH 25. 2. 2021, 3 Ob 7/21g.
8 Vgl OGH 25. 2. 2021, 3 Ob 7/21g.

- die Ankündigung eines „Messerabatts" von „10% auf alles",
- die „bloße" Ankündigung von einem Buch zu einem Preis, der unter dem Mindestpreis liegt (ohne Hinweis auf einen Rabatt), beispielsweise in Prospekten oder im Internet,
- die Ankündigung eines ermäßigten Gesamtpreises beim Kauf von zwei oder mehr Büchern, obwohl kein entsprechender Serienpreis vorab festgesetzt und ordnungsgemäß bekanntgemacht worden ist,
- die Ankündigungen eines deutschen Verlags, welche auch auf Österreich gerichtet sind, Lehrern ermäßigte Prüfexemplare oder Rabatte bei Bestellung in Klassenstärke zu gewähren, weil es solche Ausnahmen zwar im dBuchPrG, jedoch nicht im BPrBG 2023 gibt,
- die Ankündigung von „Bücher zum Supermessepreis € 4,99" wenn für ein darunter verkauftes Buch ein Mindestpreis von € 20,50 festgesetzt ist (würde für das Buch ein Mindestpreis von € 4,99 festgesetzt sein, wäre die Ankündigung irreführend). Zudem liegt in diesem Fall ein Verstoß gegen das Gewähren von Rabatten vor,
- der Verkauf von Gutscheinen einer Buchhandlung in Verbindung mit der Ankündigung eines „Cashbacks von 5%",
- die Ankündigung eines Verlags, dass man beim Kauf von zwei Büchern über die verlagseigene Website ein drittes Buch gratis dazu erhält,
- die Ankündigung eines Mengenrabatts von 20%, wenn nicht ein entsprechender Mengenpreis in der Referenzdatenbank vorab festgesetzt und ordnungsgemäß bekanntgemacht worden ist. Auch hier liegt ein Verstoß gegen das Gewähren von Rabatten vor,
- ein Zeitungsinserat einer Supermarktkette mit einem Gutschein von € 5,–, mit dem ein preisgebundenes Buch bei dieser Supermarktkette in einem Aktionszeitraum entsprechend günstiger erworben werden kann,
- die Ankündigung in einem Prospekt einer Bildungseinrichtung, Schülern mit dem Stichwort des Namens der Bildungseinrichtung einen Rabatt von „minus 10% auf Buchbestellungen" zu gewähren.

16 Letztverkäufer haben bei Ankündigungen nicht nur das BPrBG 2023, sondern auch die **Regeln des lauteren Wettbewerbs** und somit das UWG zu beachten, wobei sich dabei auch durch die Systematik des BPrBG 2023 Besonderheiten ergeben. Unzulässig weil irreführend iSd § 2 UWG wäre beispielsweise die Bewerbung von preisgebundenen Büchern, die zum Mindestpreis angeboten werden, mit hervorgehobenen „NUR“-Preisen wie *„NUR € 9,99“* oder anderen Ankündigungen, welche den Eindruck einer besonders günstigen Einkaufsgelegenheit erwecken (beispielsweise auch *„(Name des Buchhändlers)-Preis“*[9]). Vor dem Hintergrund, dass die Letztverkäufer allüberwiegend Bücher zum Mindestpreis anbieten, ist auch das Ankündigen einer *„Bestpreisgarantie für Bücher“* oÄ irreführend und daher unzulässig. Preiswerbung mit Büchern wäre allenfalls zulässig, wenn klar hervorkommt, dass damit nicht auf andere Letztverkäufer, sondern auf vergleichbare Bücher Bezug genommen wird (die Ankündigung muss jedoch diesbezüglich auch richtig sein).

Weitere **Beispiele für irreführende Werbungen aus der Praxis:** 17

- irreführend sind Ankündigungen mit einem Aufkleber „Aktionspreis € 7,99“ oder „Preishit, 8,30 3,99 EUR, Rabatt 51%“ eines Letztverkäufers von Büchern, der gleichzeitig auch Importeur dieser Bücher ist, wenn der beworbene Preis tatsächlich der festgesetzte Mindestpreis ist,
- irreführend ist eine Werbung auch dann, wenn darin der Eindruck vermittelt wird, dass deutschsprachige E-Book-Bestseller zu besonders günstigen Preisen angeboten werden, indem in einer Printwerbung große Abbildungen von deutschsprachigen Büchern und „Vorteilspreise“ angekündigt werden, ohne gleichzeitig darauf hinzuweisen, dass sich der beworbene Preis lediglich auf wenige englischsprachige E-Books bezieht,
- irreführend sind auch Ankündigungen wie „-20%“, Hinweis: Nur noch kurze Zeit 20% Rabatt“, wenn in Wahrheit die betreffenden Bücher zum festgesetzten Subkriptionspreis angeboten werden, also zum für alle Letztverkäufer im Ankündigungszeitpunkt gültigen Mindestpreis.
- auch irreführend ist die Prospektwerbung mit abgebildeten Büchern mit „ab-Preisen“, wenn sich bei den abgebildeten Produktfotos kein einziges Buch findet, welches zum angekündigten „ab-Preis“ verkauft wird,
- irreführend ist die Ankündigung „statt 49,80 jetzt 19,80 Euro“, obwohl der Statt-Preis auf ein anderes Buch oder einen alten Min-

9 *Wallenfels/Russ,* Preisbindungsgesetz[7] § 3 Rz 9.

destpreis Bezug nimmt, ohne dass darüber mit ausreichender Deutlichkeit aufgeklärt wird und das Buch in Wahrheit zum aktuellen Mindestpreis angeboten wird,

- irreführend ist auch die Werbung mit „Aktion, nur 15,50“, wenn ein Buch in Wahrheit zum Mindestpreis verkauft wird.

VI. Was ist das Gewähren eines Rabatts?

18 Das **Gewähren ist die tatsächliche Rabattierung** auf Anfrage eines Kunden. Gemäß § 7 Abs 1 iVm Abs 2 BPrBG 2023 ist das Gewähren eines Rabatts von bis zu 5% erlaubt. Diese Bestimmung wird in der Praxis ohnehin schon vergleichsweise großzügig ausgelegt.

19 So wird grundsätzlich auch das Anbieten eines Rabatts im erlaubten Umfang gegenüber einer einzelnen Person im Kundengespräch unter diese Bestimmung subsumiert. Entsprechend wird es auch nicht als Verstoß gegen das BPrBG 2023 angesehen, wenn einem Kunden ohne dessen Nachfrage einfach der „deutsche Preis“, der in der Regel 2,5% unter dem österreichischen Mindestpreis liegt, berechnet wird. Auch eine solche Übung **darf jedoch keinesfalls angekündigt werden.**

20 Anders als in Deutschland ist in Österreich somit auch die Gewährung eines Skontos[10] zulässig, wobei jedoch gewährleistet sein muss, dass der Rabatt insgesamt 5% nicht übersteigt.

21 Die **Rabatthöchstgrenze** ist weiters beim Verkauf von Gutscheinen einzuhalten, die für Bücher, E-Books und/oder Musikalien gemäß § 2 BPrBG 2023 eingelöst werden können.

VII. Gutscheine

22 Der Einsatz von Gutscheinen im Zusammenhang mit dem Verkauf preisgebundener Bücher ist immer dann problematisch, wenn sich dadurch ein Letztverkäufer durch **Umgehung der Rabattregelungen** des BPrBG 2023 einen besonderen Vorteil gegenüber Mitbewerbern verschaffen will und/oder ihm durch eine solche Aktion ein besonderer Vorteil gegenüber Mitbewerbern verschafft wird. In der Praxis ist insbesondere die rechtliche Einordnung von folgenden Fallkonstellationen relevant:

---

10 Vgl *Wallenfels/Russ,* Preisbindungsgesetz[7] § 5 Rz 19.

Keine Umgehungshandlung sind grundsätzlich die klassische Form von Geschenkgutscheinen, also vorab bezahlte Buchgutscheine, die ein Händler einem Kunden verkauft und die in weiterer Folge von einem beschenkten Dritten eingelöst werden, sofern die Gutscheine zuvor beim Händler zum Preis des Gutscheinnennwerts erworben wurden. In dieser Konstellation stellt der Gutschein eine verbriefte Geldforderung dar, die auf einer tatsächlichen Geldleistung gründet und daher mit dem Sinn und Zweck der Preisbindung vereinbar ist.[11] 23

Davon klar zu unterscheiden sind Fälle, in denen **durch die Ausgabe von Gutscheinen Preiswerbung** betrieben wird. Entsprechend ist die unentgeltliche Ausgabe von Gutscheinen für preisgebundene Bücher durch Buchhändler (wie auch die Ausgabe von Gutscheinen zu einem ermäßigten Preis[12]) unzulässig. Gerade im Zusammenhang mit Gutscheinen zeigen auch jene Sachverhalte, welche der einschlägigen Judikatur in Österreich und Deutschland[13] zugrunde liegen, dass der Kreativität der Marktteilnehmer, die sich durch Gesetzesumgehungen Vorteile im Wettbewerb erhoffen, keine Grenzen gesetzt sind. 24

Ein Verstoß gegen die Preisbindung liegt beispielsweise auch vor, wenn ein Händler beim Verkauf von nicht preisgebundenen Waren an seine Kunden **kostenlose Gutscheine** ausgibt, die zum verbilligten Erwerb preisgebundener Bücher im Rahmen eines Zweitgeschäfts bestimmt sind.[14] Die Ausgabe von Gutscheinen durch Buchhändler bzw die Ausgabe von Gutscheinen, mit denen auch preisgebundene Bücher erworben werden können, ist daher mE grundsätzlich als **unzulässiges Ankündigen von Rabatten** iSd § 7 Abs 2 BPrBG 2023 zu qualifizieren, das – sofern es zu einem Unterschreiten des festgesetzten Mindestpreises um mehr als 5% führt – auch gegen § 7 Abs 1 BPrBG 2023 verstößt. 25

11 Vgl *Wallenfels/Russ,* Preisbindungsgesetz[7] § 3 Rz 34.

12 ZB der „Verkauf" von € 5,– Gutscheinen zu einem Preis von € 2,–.

13 Dazu im Detail *Wallenfels/Russ,* Preisbindungsgesetz[7] § 3 Rz 34 ff sowie Rz 44 ff.

14 Vgl *Wallenfels/Russ,* Preisbindungsgesetz[7] § 3 Rz 35 unter Bezugnahme auf BGH, GRUR 2016, 298 (299).

26 Diesbezüglich ist im Jahr 2019 auch die bemerkenswerte **Entscheidung** *T-Bücher* **des OGH**[15] ergangen. Im Anlassfall hatte ein Medienunternehmen Gutscheine einer Buchhandelskette im Wert von € 100,– zum Preis von € 75,– verkauft, die es im Rahmen von Gegengeschäften mit Inseraten erhalten hatte. Das beklagte Medienunternehmen rechtfertigte die Verkäufe ua damit, dass es selbst keine Bücher verkaufe und entsprechend das BPrBG 2023 nicht anwendbar wäre. Der OGH beschäftigte sich zunächst mit der **Rechtsnatur von Gutscheinen** und hielt fest, dass Erwerbern aufgrund des bei ihrer Ausgabe schon endgültig abgeschlossenen Güteraustauschvertrags bereits ein unwiderruflicher Anspruch auf Waren des Ausstellers der Gutscheine in der Höhe des jeweiligen Nennwerts verbrieft wird. Somit sind Ausgabe und Einlösung wirtschaftlich und rechtlich als zeitlich aufeinanderfolgende Phasen eines einheitlichen Rechtsgeschäfts zu sehen, woran sich auch nichts ändert, wenn zwischen Warenhändler und Erwerber ein zweites Unternehmen zwischengeschaltet wird, das die zur Einlösung bei einem bestimmten Warenhändler berechtigenden Gutscheine im eigenen Namen veräußert.[16]

27 Entsprechend führte der OGH in *T-Bücher* aus, dass die dort Beklagte bei **wirtschaftlicher Betrachtungsweise** daher wertungsmäßig den vom Buchpreisbindungsgesetz angesprochenen Letztverkäufern gleichzuhalten ist, sodass die hier einschlägigen Bestimmungen des Gesetzes auch für das Geschäftsmodell der Beklagten analog anzuwenden sind. Vor diesem Hintergrund lag eine Gesetzesverletzung geradezu auf der Hand, weil, wie der OGH ausführt, das Geschäftsmodell der Beklagten **den Gesetzeszweck unterläuft,** weil auch der in zwei Verkaufsakte aufgelöste Geschäftsvorgang des Ankaufs der Gutscheine von der Beklagten und deren Einlösung beim begünstigten Buchhändler – nicht anders als bei der Abgabe verbilligter Gutscheine durch den Buchhändler selbst – einen für preisgeregelte Bücher verpönten Preiswettbewerb ermöglicht.[17]

15 OGH 24. 10. 2019, 4 Ob 85/19g, *T-Bücher,* ÖBl 2020, 223 *(Majchrzak)* = ecolex 2020/62, 124 *(Tonninger).*

16 OGH 24. 10. 2019, 4 Ob 85/19g, *T-Bücher,* ÖBl 2020, 223 *(Majchrzak)* = ecolex 2020/62, 124 *(Tonninger).*

17 OGH 24. 10. 2019, 4 Ob 85/19g, *T-Bücher,* ÖBl 2020, 223 *(Majchrzak)* = ecolex 2020/62, 124 *(Tonninger).*

Entsprechend hält der OGH in *T-Bücher* weiters fest, dass die gewerbsmäßige Abgabe verbilligter Gutscheine zugunsten eines bestimmten Buchhändlers auch ohne dessen direkte Beteiligung eine große Anzahl von Kunden zu diesem umlenken kann, wobei einzige Motivation dafür der (gesetzlich verpönte) Preisvorteil ist. Dies kommt vor allem großen Anbietern zugute. Damit gefährdet auch das vorliegende Geschäftsmodell der Beklagten die Vielfalt des Buchmarkts, weil es kleine Anbieter aufgrund preislicher Erwägungen aus dem Markt drängen kann.[18] **28**

Unzulässig sind ferner auch jene Fälle, in denen Dritte ihren Kunden noch nicht bezahlte **„Gutscheine"** übersenden oder **Punkte** oder **Boni** gewähren, die bei einem bestimmten (Online-)Buchhändler eingelöst werden können. Wie *Wallenfels/Russ* mit Bezugnahme auf eine Reihe von einschlägigen Entscheidungen in Deutschland ausführen, sind **solche Modelle gleich aus mehreren Gründen unzulässig,** wobei in diesem Zusammenhang nur auf ein paar wenige Kernaussagen zu verweisen ist.[19] So ist ein Rabatt auch dann anzunehmen, wenn dem Kunden gekoppelt mit dem Buchkauf ein Vorteil gewährt wird, der den Erwerb für ihn wirtschaftlich günstiger erscheinen lässt.[20] Insbesondere die Gewährung eines Gutscheins über einen konkret benannten Betrag, der beim Kauf auf den Kaufpreis angerechnet wird, ist in diesem Sinn ein unzulässiger Rabatt.[21] Vor dem Hintergrund, dass die Struktur einer Gutscheinaktion vielfach das Vorliegen einer größeren Vertriebsorganisation voraussetzt und entsprechend deren Zulässigkeit zu einer Verschiebung des Marktes zulasten kleinerer Buchhändler führen würde, haben Gerichte in Deutschland auch **Sponsoring Modelle** als unzulässig erkannt, bei denen die Kunden Rabatte auf den Kaufpreis erhalten, die **29**

18 OGH 24. 10. 2019, 4 Ob 85/19g, *T-Bücher,* ÖBl 2020, 223 *(Majchrzak)* = ecolex 2020/62, 124 *(Tonninger).*

19 Vgl *Wallenfels/Russ,* Preisbindungsgesetz[7] § 3 Rz 44.

20 Vgl *Wallenfels/Russ,* Preisbindungsgesetz[7] § 3 Rz 45 mit Verweis auf BGH 9. 9. 2010, I ZR 193/07, GRUR 2010, 1137, *Unser Dankeschön für Sie.*

21 Vgl *Wallenfels/Russ,* Preisbindungsgesetz[7] § 3 Rz 45 mit Verweis auf eine Reihe von Entscheidungen.

dem Händler aus einem von Drittunternehmen gefüllten Fördertopf ersetzt werden.[22]

30 In diesem Zusammenhang ist daran zu erinnern, dass das BPrBG 2023, wie nunmehr auch explizit in der **Zielbestimmung** des § 1 festgehalten ist, ein breites und qualitätvolles Angebot von Büchern, zu angemessenen Buchpreisen für die Öffentlichkeit, sichern soll, welches insbesondere durch eine Vielfalt im Buchvertrieb und eine große Zahl von Verkaufsstellen gewährleistet wird. **Verhaltensweisen, die diesem Ziel zuwiderlaufen, sind mit dem BPrBG 2023 unvereinbar.** Werden Gutscheine ausgegeben, wird dem späteren Letztverbraucher der Eindruck vermittelt, er könne bei den entsprechenden Buchhandlungen, die diese Gutscheine akzeptieren, Bücher zu einem günstigeren Preis erwerben als bei anderen Buchhandlungen. Da Buchhandlungen idente Waren anbieten, führt dies zu einem Preiswettbewerb und damit zu einer nicht gewünschten Verschiebung und Verdrängung am Markt.[23] Vor dem Hintergrund von Sinn und Zweck der Buchpreisbindung sind somit verteilte Gutscheine unzulässig, die nur bei bestimmten Buchhandlungen oder einer bestimmten Buchhandelskette einlösbar sind.

31 Ebenso unzulässig ist es für Buchhandlungen und Buchhandelsketten, an sogenannten **Cashback-Modellen,** also **Bonussystemen,** teilzunehmen, bei denen Kunden ein Rabatt in Form einer Rückzahlung eines bestimmten Prozentsatzes des Einkaufswerts angekündigt wird. Nach der Entscheidung *T-Bücher* des OGH[24] ist zudem davon auszugehen, dass insbesondere auch der für das Cashback-Modell Verantwortliche zumindest analog einen Verstoß gegen das BPrBG 2023 zu verantworten hat.

VIII. Grenzfall Kundenkarten

32 Ein Grenzfall zwischen Ankündigen und Gewähren sind sicherlich **Kundenkarten,** mit denen ein Rabatt auch auf preisgebundene Bü-

22 *Wallenfels/Russ,* Preisbindungsgesetz[7] § 3 Rz 45 mit Verweis OLG Hamburg, GRUR-RR 2013, 348, *studibooks.de.*

23 Vgl *Mees,* Einsatz und Verwendung von Gutscheinen sowie Leistungen Dritter beim Verkauf im Preis gebundener Bücher, GRUR 2012, 353 (355).

24 Vgl OGH 24. 10. 2019, 4 Ob 85/19g, *T-Bücher,* ÖBl 2020, 223 *(Majchrzak)* = ecolex 2020/62, 124 *(Tonninger).*

cher gewährt wird. Kundenkarten werden in der Praxis so lange toleriert, als nicht auch der Preisvorteil der Kundenkarte öffentlich (zB auf Plakaten oder im Geschäft aufliegenden Flugblättern oder in sonstigen Werbeeinschaltungen) angekündigt wird. Wird jedoch einem Kunden im Gespräch über die Kundenkarte ein Informationsblatt ausgehändigt, wo sich auch die Information über den Rabatt befindet, wird dies in der Praxis geduldet. Jedenfalls unzulässig wäre es jedoch, Flugblätter mit einer derartigen Information ohne konkretes Kundengespräch im Geschäft oder sonst öffentlich aufzulegen oder verteilen zu lassen.

IX. OGH-Entscheidung *Libro-Club*

Zum Thema Kundenkarten sowie Ankündigung und Gewährung **33** von Rabatten ist eine der wenigen, zum Buchpreisbindungsgesetz einschlägigen OGH-Entscheidungen in einem Provisorialverfahren ergangen.[25] Vielleicht auch im Eindruck des damals beim Europäischen Gerichtshof anhängigen Vorabentscheidungsverfahrens[26] in einem Parallelverfahren hat das Höchstgericht das Unterlassungsbegehren aus formalen Gründen abgewiesen, weshalb die Entscheidung doch nicht so einschlägig ist, wie sie auf den ersten Blick erscheint.

Wenn man dem OGH nämlich nicht unterstellen will, dass er ent- **34** gegen der klaren gesetzlichen Regelung und Intention des Gesetzgebers geradezu *contra legem* aussprechen wollte, dass Ankündigungsverbote von Rabatten bis 5% nicht durch Unterlassungsgebote gesichert werden können, sind die Ausführungen zum Ankündigen und Gewähren im Zusammenhang mit der Abweisung des Unterlassungsgebots und nicht mit der Interpretation der Gesetzesstelle zu sehen.[27]

Unterstrichen wird dies auch durch die OGH-Entscheidung *T-Bü-* **35** *cher*, bei der das Höchstgericht im Jahr 2019 ausgesprochen hat, dass

25 OGH 20. 5. 2008, 4 Ob 62/08h, *Libro Club*, ÖBl 2009/13.

26 Vgl OGH 13. 11. 2007, 4 Ob 172/07h, *Buchpreisbindung*, ÖBl 2008, 131 *(Gamerith)* = ecolex 2008, 156 *(Tonninger)* = MR 2007, 93.

27 *Gamerith* sieht die Argumentation des OGH offenbar nicht im Zusammenhang mit dem Unterlassungsbegehren, sondern mit dem Gesetzestext; vgl *Gamerith* in seiner Anm zu OGH 4 Ob 172/07h, *Buchpreisbindung*, ÖBl 2008, 131.

bei der Auslegung von Preisbindungsgesetzen grundsätzlich von einer **wirtschaftlichen Betrachtungsweise** auszugehen ist und weiters das zentrale Anliegen des Gesetzes zu berücksichtigen ist, einen Preiswettbewerb zwischen Buchhändlern zum Schutz der Büchervielfalt und der Versorgung der Bevölkerung mit Büchern zu verhindern.[28]

36 Da *Libro* die Rabattankündigungen faktisch schon lange eingestellt hatte, ist das gegenständliche Verfahren in der Folge im Hauptverfahren nicht bis zum Höchstgericht geführt worden. Jedenfalls ist nach mE auch weiterhin davon auszugehen, dass pauschale Rabattankündigungen auch dann gegen § 7 BPrBG 2023 verstoßen, wenn der ankündigende Letztverkäufer auch einen bedeutenden Anteil von preisungebundenen Waren in seinem Sortiment hat, sofern der Letztverkäufer entsprechend nicht mit ausreichender Deutlichkeit darauf hinweist, dass von der Rabattankündigung preisgebundene Waren iS des BPrBG 2023 ausgenommen sind.

X. Ausnahme Lagerabverkäufe

37 Durch das BPrBG 2023 wurde die **Ausnahme für Lagerabverkäufe** präziser gestaltet, **um zu verhindern,** dass es über diese Ausnahme zu **Umgehungen der Buchpreisbindung** und zur **Irreführung von Konsumenten** kommt. Entsprechend wurde die Bestimmung insbesondere um die Verpflichtung ergänzt, dass solche Verkäufe als **„Lagerabverkauf"** gegenüber den angesprochenen Verkehrskreisen **anzukündigen** und sichtbar zu machen sind, wenn man sich auf die Ausnahmebestimmung berufen will.[29]

38 Die **zwei Grundvoraussetzungen,** unter denen ein preisgebundenes Buch nach der Lagerabverkaufsausnahme ohne Beachtung der Buchpreisbindung verkauft werden kann, sind unverändert geblieben: Einerseits muss der Mindestpreis für das betreffende Buch bereits vor zumindest 24 Monaten zum ersten Mal bekannt gemacht worden sein und andererseits muss der Lieferzeitpunkt des konkreten Buchs schon mehr als sechs Monate zurückliegen.

28 OGH 24. 10. 2019, 4 Ob 85/19g, *T-Bücher,* ÖBl 2020, 223 *(Majchrzak)* = ecolex 2020/62, 124 *(Tonninger).*

29 Vgl ErläutRV 1743 BlgNR 27. GP 3.

Anders als *Willheim*[30] gehe ich davon aus, dass die Voraussetzungen für Lagerabverkäufe lediglich kumulativ vorliegen müssen und nicht „hintereinander" einzutreten haben, weshalb ein Buch bereits nach zwei Jahren und nicht erst nach 2 Jahren und 6 Monaten die Voraussetzungen für Lagerabverkäufe gemäß § 7 Abs 3 BPrBG 2023 erfüllen kann. **39**

Hinzu kommt nunmehr die Vorgabe, dass sich Letztverkäufer nur dann auf diese Ausnahme berufen können, wenn sie den Verkauf solcher Waren **ausdrücklich als „Lagerabverkauf" ankündigen und entsprechend sichtbar machen.**[31] Dies hat für die Verfolgung von potentiellen Rechtsverstößen und von potentiellen Umgehungshandlungen der Buchpreisbindung einen ganz entscheidenden Vorteil, weil es in der Vergangenheit bei Rabattangeboten unklar war, ob sich ein Letztverkäufer für seine Ankündigung überhaupt auf die Lagerabverkaufsausnahme stützen will und auch die Konsumenten **über die Aktualität der Bücher getäuscht** wurden, weil man einen Lagerabverkauf nicht als solchen ausweisen musste. **40**

Da für die konkreten Bücher eines Lagerabverkaufs die Preisbindung nicht mehr gilt, sind nunmehr auch **Rabattankündigungen** im Zusammenhang mit einem **ausdrücklich angekündigten „Lagerabverkauf"** vor dem Hintergrund der Buchpreisbindung grundsätzlich zulässig, wenn diese Ankündigungen nicht gegen sonstige Vorschriften, wie lauterkeitsrechtliche Vorschriften, verstoßen. **41**

Durch die Vorgabe, dass Lagerabverkäufe ausdrücklich als solche anzukündigen und sichtbar zu machen sind, kann entsprechend auch verhindert werden, dass Konsumenten über die Aktualität von Büchern eines Lagerabverkaufs getäuscht werden und sich darüber wundern, warum es vor dem Hintergrund der Buchpreisbindung überhaupt die Möglichkeit geben kann, dass Bücher vergünstigt angeboten werden. **42**

Um Verstöße gegen die Lagerabverkaufsausnahme leichter verfolgbar zu machen und Gesetzesumgehungen aufgrund dieser Ausnahme hintanzuhalten, wurde auch die **Beweislastumkehr** beibelassen, die der Gesetzgeber in Abs 4 ausdrücklich vorgesehen hat: Der Letzt- **43**

30 *Willheim*, Gemeinschaftsrechtliche Zulässigkeit des neuen Buchpreisbindungsgesetzes, ecolex 2000, 850.

31 Vgl ErläutRV 1743 BlgNR 27. GP 3.

verkäufer hat das Vorliegen der Voraussetzungen gemäß Abs 3 nachzuweisen. Da die Bekanntmachung des Mindestpreises ohnehin aus der öffentlichen Datenbank des Verzeichnisses lieferbarer Bücher hervorgeht bzw sich aus dem Erscheinungszeitpunkt des preisgebundenen Buchs ergibt und sich die Frage der Ankündigung eines Lagerabverkaufs als „Lagerabverkauf" schon durch die Ankündigungen des Letztverkäufers ergeben, ist die Beweislastumkehr primär für den Nachweis relevant, dass die konkret angebotenen Bücher beim Letztverkäufer bereits 6 Monate auf Lager liegen.

44 Schon in der Vorauflage wurde die Ansicht vertreten, dass die Ausnahme für **Lagerabverkäufe nicht auf den Verleger eines Titels anwendbar** ist, weil dieser jederzeit die Möglichkeit hat, den Mindestpreis selbst entsprechend zu reduzieren.[32] Durch das BPrBG 2023 ist diesbezüglich in § 7 Abs 3 Satz 3 eine ausdrückliche **Klarstellung** erfolgt, die sogar noch etwas weitergeht, weil sie – durch Abstellen auf die Verpflichtung zur Festsetzung und Bekanntmachung eines Mindestpreises – auch Importeure von Büchern umfasst: *„Die Ausnahme gilt nicht für Letztverkäuferinnen und Letztverkäufer, die selbst zur Festsetzung und Bekanntmachung eines Mindestpreises für diese Ware nach diesem Gesetz verpflichtet sind."*

45 Obwohl die Lagerabverkaufsausnahme ganz allgemein auf „Waren im Sinne des § 2" verweist, ist mE davon auszugehen, dass sich diese Ausnahme aufgrund ihres wirtschaftlichen Hintergrunds nur auf die Lagerhaltung von physischen Büchern (bei physischen Büchern fallen erhebliche Kosten für die Lagerhaltung an und es besteht die Notwendigkeit der Räumung von Lagern zur Beschaffung von Neuerscheinungen) bezieht, weshalb die Bestimmung auf **E-Books** nicht anzuwenden ist.

XI. Ausnahmen bei endgültiger Schließung oder Insolvenz?

46 Während es in Deutschland eine eigene Ausnahmebestimmung bei der endgültigen Schließung einer Buchhandlung gibt,[33] bestehen im

32 Vgl *Tonninger,* Buchpreisbindung in Österreich[2] § 5 Rz 28.

33 Vgl § 7 Abs 1 Z 5 dBuchPrG; die deutsche Regelung lässt bei endgültiger Schließung einer Buchhandlung einen auf die Dauer von 30 Tagen beschränkten Räumungsverkauf zu, sofern die Bücher aus den gewöhnlichen Beständen des schließenden Unternehmens stammen und den Lie-

BPrBG 2023 für den Fall der endgültigen Schließung einer Buchhandlung oder deren Insolvenz **keine besonderen Ausnahmen.** Insofern hat sich der Letztverkäufer bzw der Masseverwalter bei einer Insolvenz an die allgemeinen Bestimmungen und Ausnahmen des BPrBG 2023 zu halten.

In der Regel wird ein nicht unbedeutender Teil des Lagerbestands unter die **Lagerabverkaufsausnahme** fallen und auf dieser Grundlage abverkauft werden können, wobei jedoch die **Voraussetzungen für jedes einzelne Buch zu prüfen** sind. Möglich ist weiters, dass sich im Bestand der Buchhandlung Mängelexemplare befinden, wobei auch diesbezüglich für jedes einzelne Buch zu prüfen ist, ob tatsächlich ein Mängelexemplar vorliegt und welchen Rabatt der konkrete Mangel rechtfertigt.[34] 47

Rechtlich unproblematisch ist der Verkauf der Bestände **an einen anderen Letztverkäufer zum gewerblichen Weiterverkauf** an Letztverbraucher, weil ein solcher Verkauf nicht dem BPrBG 2023 unterliegt. Zu beachten ist jedoch in diesem Zusammenhang, dass der erwerbende Letztverkäufer nicht unmittelbar einen Lagerabverkauf dieser Bücher durchführen kann, weil bei ihm die Voraussetzungen für einen Lagerabverkauf erst vorliegen können, wenn er die Bücher selbst bereits 6 Monate auf Lager liegen hat.[35] 48

XII. Exkurs: Verkauf an Letztverkäufer

Im BPrBG 2023 findet sich, anders als im deutschen BuchPrG, keine Regelung über Handelsspannen, Konditionen oder ein Diskriminierungsverbot beim Verkauf von Verlagen an Letztverkäufer. In Österreich gibt es allenfalls Handelsbräuche zu den Rabatten an Buchhändler, wobei hier wohl auch durchaus Unterschiede in der Praxis der Verlage bestehen. 49

Interessant ist in diesem Zusammenhang sicherlich die **deutsche Buchpreisbindung,** weil diese insbesondere **zum Schutz von kleinen Buchhändlern** und dem von ihnen erbrachten Beitrag zur flächendeckenden Versorgung mit Büchern und dem von ihnen er- 50

feranten zuvor mit angemessener Frist zur Rücknahme angeboten wurden.

34 Siehe dazu im Detail § 3 „Mängelexemplar“, Rz 35 ff.

35 Siehe dazu im Detail § 7 „Ausnahme Lagerabverkäufe“, Rz 37 ff.

brachten buchhändlerischen Service drei zentrale Regelungen in einer eigenen Vertriebsregelung, § 6 dBuchPrG, aufgestellt hat. Die Ziele dieser Bestimmung sind wohl fast deckungsgleich mit den zentralen Zielen des BPrBG 2023 (Schutz einer Vielfalt im Buchhandel und einer großen Zahl an Verkaufsstellen),[36] welche nun auch ausdrücklich im Gesetz Aufnahme gefunden haben. Somit sollten Verlage diese Regelungen der deutschen Vertriebsbestimmung wohl auch beim Verkauf an österreichische Wiederverkäufer als **Richtschnur** anwenden, wenn sie einen Beitrag dazu leisten wollen, dass das BPrBG 2023 seine Ziele auch besser erfüllen kann und die kleineren Buchhändler nicht durch Buchhandelsketten, branchenfremde Unternehmen oder große Online-Buchhändler noch mehr unter Druck kommen.

51 **Zentrale Bestimmung der deutschen Vertriebsbestimmung** ist § 6 Abs 1 dBuchPrG, welche darauf abzielt, dass auch kleine Buchhändler von den Verlagen Konditionen erhalten, die deren Überleben sichern und die sie gegenüber großen Buchhandelsketten nicht allzu benachteiligen: *„Verlage müssen bei der Festsetzung ihrer Verkaufspreise und sonstigen Verkaufskonditionen gegenüber Händlern den von kleineren Buchhandlungen erbrachten Beitrag zur flächendeckenden Versorgung mit Büchern sowie ihren buchhändlerischen Service angemessen berücksichtigen. Sie dürfen ihre Rabatte nicht allein an dem mit einem Händler erzielten Umsatz ausrichten.“*[37]

52 Die deutsche Bestimmung sieht in **§ 6 Abs 2 dBuchPrG einen weiteren Schutzmechanismus für die Buchbranche** vor, indem dort geregelt ist, dass Verlage branchenfremde Händler nicht zu niedrigeren Preisen oder günstigeren Konditionen beliefern dürfen als den Buchhandel. Damit soll verhindert werden, dass durch die Verlagerung wirtschaftlich besonders interessanter Geschäfte auf branchenfremde Unternehmen die Existenzgrundlage des Buchhandels ausgehöhlt werden könnte.[38]

53 Schließlich sieht **§ 6 Abs 3 dBuchPrG** vor, dass Verlage für **Zwischenbuchhändler** keine höheren Preise oder schlechtere Konditio-

36 Siehe dazu im Detail § 1 „Die neue Zielbestimmung des BPrBG 2023“, Rz 4ff.

37 Vgl § 6 Abs 1 dBuchPrG.

38 Vgl *Wallenfels/Russ*, Preisbindungsgesetz[7] § 6 Rz 18 sowie § 6 Abs 2 dBuchPrG.

nen festsetzen dürfen als für Letztverkäufer, die sie direkt beliefern. Damit soll der Buchgroßhandel (die sogenannten „Barsortimente“) geschützt werden. Die Buchgroßhandel hat deshalb für die Buchhandlungen besondere Bedeutung, weil über den Buchgroßhandel über Nacht die Buchhandlungen mit eigenen Liefersystemen beliefert werden und somit der Buchgroßhandel wesentlich zur Aufrechterhaltung der logistischen Infrastruktur des Buchhandels beiträgt.[39]

39 Vgl dazu im Detail *Wallenfels/Russ,* Preisbindungsgesetz[7] § 6 Rz 19ff sowie § 6 Abs 3 dBuchPrG.

Ausnahmen

§ 8. (1) In folgenden Fällen und in folgendem Umfang darf die Letztverkäuferin oder der Letztverkäufer von Waren im Sinne des § 2 von dem nach § 4 festgesetzten Mindestpreis abweichen:

1. beim Verkauf an jedermann zugängliche öffentliche Bibliotheken und Schulbibliotheken im Ausmaß von maximal 10%;

2. beim Verkauf an Hörerinnen und Hörer einer oder eines an einer Universität oder Hochschule Vortragenden zum Eigenbedarf, gegen Vorlage eines von der Vortragenden oder vom Vortragenden unterschriebenen und mit dem Namen der Hörerin oder des Hörers versehenen Hörerscheins oder einer gleichwertigen Bestätigung der besuchten Universität oder Hochschule, wenn für ein Buch in der Referenzdatenbank gemäß § 5 ein Hörerscheinpreis festgelegt ist, im Ausmaß von maximal 20%;

3. beim Verkauf von Mängelexemplaren im handelsüblichen Ausmaß im Verhältnis zum Mangel.

(2) In folgenden Fällen darf die Letztverkäuferin oder der Letztverkäufer von Waren im Sinne des § 2 von dem nach § 4 festgesetzten Mindestpreis nach freiem Ermessen abweichen:

1. beim Verkauf an Verlegerinnen und Verleger sowie Importeurinnen und Importeure von Waren im Sinne des § 2, Buchhändlerinnen und Buchhändler sowie an zu diesen in einem Dienstverhältnis stehende Arbeitnehmerinnen und Arbeitnehmer für deren Eigenbedarf;

2. beim Verkauf an Autorinnen und Autoren eines Verlags für Publikationen dieses Verlags für deren Eigenbedarf.

(3) Dieses Bundesgesetz gilt nicht für Waren im Sinne des § 2, die im Rahmen der Schulbuchaktion (Abschnitt Ic des Familienlastenausgleichsgesetzes 1967, BGBl. Nr. 376, in der jeweils geltenden Fassung) abgegeben werden.

Stammfassung.

Übersicht

I. Verhältnis zum BPrBG alt

1 § 8 BPrBG 2023 entspricht im Wesentlichen der Bestimmung des § 6 BPrBG alt. Neben redaktionellen Überarbeitungen aufgrund der geschlechtsneutralen Formulierung des Gesetzes und die Bezugnahme auf den Bruttomindestpreis wird darin einerseits die Hörerscheinausnahme sowohl erweitert als auch präzisiert und andererseits Kollegen- und Autorenrabatte nach deutschem Vorbild eingeführt.[1]

2 Jedenfalls ist die Rechtsprechung zu den Ausnahmen des BPrBG alt auch weitestgehend auf die neue Bestimmung übertragbar.

II. Einleitung

3 Die Ausnahmen zum BPrBG 2023 sind überwiegend in § 8 BPrBG 2023 geregelt. Die Ausnahmebestimmung erfasst solche Bücher und E-Books, die zwar grundsätzlich unter den Anwendungsbereich des BPrBG 2023 fallen, jedoch aufgrund der Art des Verkaufs bzw aufgrund deren Zustandes Sonderregelungen unterworfen sind.

4 Diese **Sonderregelungen** bewirken einerseits, dass bei bestimmten Verkäufen höhere Rabatte gegeben werden dürfen und andererseits, dass Bücher und E-Books, die im Rahmen der Schulbuchaktion verkauft werden, erst gar nicht unter den Anwendungsbereich des BPrBG 2023 fallen.

1 Vgl auch ErläutRV 1743 BlgNR 27. GP 3.

Anders als bei Rabatten gemäß § 7 BPrBG 2023 ist im Zusammenhang mit erlaubten Rabatten gemäß § 8 BPrBG 2023 vom Gesetzgeber nicht vorgesehen worden, dass solche Ermäßigungen gegenüber dem Mindestpreis nicht auch angekündigt werden dürfen. Dadurch sind beispielsweise **Ankündigungen** gegenüber Schulbibliotheken, einen (zulässigen) Rabatt von 10% zu gewähren grundsätzlich ebenso erlaubt, wie beispielsweise die Ankündigung einer Buchhandlung in der Nähe einer Universität, ein Buch mit einem Hörerschein unter den sonstigen gesetzlichen Voraussetzungen zum Hörerscheinpreis zu verkaufen. 5

III. Verkauf an öffentliche Bibliotheken und Schulbibliotheken

Öffentliche Bibliotheken und Schulbibliotheken genießen nach der Buchpreisbindung traditionell eine Sonderstellung. Bei Verkauf an öffentliche Bibliotheken und Schulbibliotheken ist ein **Abweichen vom Mindestpreis von bis zu 10%** zulässig. 6

Die Möglichkeit, Nachlässe an öffentliche Bibliotheken einzuräumen, wird als Beitrag des Buchhandels zur Kulturpolitik und zu sozialen Anliegen gesehen.[2] Im alten System des Sammelrevers wurde beim Bibliotheksrabatt noch zwischen öffentlichen (5% Rabatt) und wissenschaftlichen Bibliotheken (10%) differenziert. Durch das Buchpreisbindungsgesetz hat man die Rabattmöglichkeit von 10% gegenüber dem Sammelreverssystem somit erweitert, sodass es nunmehr auch möglich ist, 10% Rabatt auf für jedermann zugängliche öffentliche Bibliotheken und Schulbibliotheken zu geben.[3] Wichtig ist bei **Verkäufen an Schulbibliotheken** jedoch, dass diese **streng von Verkäufen an die Schule, an Lehrer oder an Schüler zu unterscheiden** sind, für welche die Bibliotheksausnahme nicht gilt und somit die normalen Regelungen des BPrBG 2023 zur Anwendung kommen. 7

Im Zuge des Gesetzgebungsverfahrens ist die Ausnahme für den Verkauf an öffentliche Bibliotheken und Schulbibliotheken unerwartet in das Zentrum der Aufmerksamkeit gerückt, weil im Referen- 8

2 Vgl *Wallenfels/Russ,* Preisbindungsgesetz[7] § 7 Rz 13.

3 Vgl Bericht des Kulturausschusses, 113. der Beilagen zu den Stenographischen Protokollen des Nationalrates 21. GP, § 6 Z 1.

tenentwurf, welcher bei der Europäischen Kommission notifiziert wurde und der Gegenstand des parlamentarischen Begutachtungsverfahrens war, völlig überraschend eine Verdoppelung dieser Rabattmöglichkeit auf 20% vorgesehen war.[4]

9 Hauptkritikpunkt an dieser Rabatterhöhung war, dass diese in klarem Widerspruch zur eigentlichen Intention des Gesetzes stand, mit dem man das Kulturgut Buch besser absichern wollte, indem man die Vielfalt im Buchvertrieb fördert. Auszugehen ist nämlich davon, dass die Rabattregelung zwar eine „kann"-Bestimmung ist, die Höchstrabatte jedoch von den Einkäufern der Bibliotheken entsprechend eingefordert und diesen auch gewährt werden (müssen). Hinzu kommt, dass die Händlerspanne dem Vernehmen nach gerade bei Fachbüchern vielfach so gering ist, dass eine Belieferung von Bibliotheken schon nach den bestehenden Rabattgrenzen wenig rentabel ist.[5] In diesem Tenor gingen auch zahlreiche Stellungnahmen von betroffenen Branchenteilnehmern im Gesetzesbegutachtungsverfahren ein.[6]

10 Diese berechtigte Kritik ist auf fruchtbaren Boden gestoßen, weshalb die Änderung des Rabatts für den Verkauf an öffentliche Bibliotheken und Schulbibliotheken zurückgenommen wurde und entsprechend in der Regierungsvorlage des BPrBG 2023 nicht mehr aufgeschienen ist.[7] Damit war diese mE unnötige Diskussion auch schon wieder beendet.

---

4 Website der Europäischen Kommission, Datenbank TRIS, Daten zur Notifizierungsnummer 2022/542/A, abrufbar unter: https://ec.europa.eu/growth/tools-databases/tris/de/search/?trisaction=search.detail&year=2022&num=542 (zuletzt besucht am 23. 2. 2023).

5 Vgl Persönliche Stellungnahme des vom Fachverband der Buch- und Medienwirtschaft eingesetzten „Preisbindungsanwalts" RA Dr. Bernhard Tonninger zum „Buchpreisbindungsgesetz 2023", abrufbar unter: https://www.parlament.gv.at/PtWeb/api/s3serv/file/67d16523-a49e-4d6d-84ea-a0bf5acbd676 (zuletzt besucht am 23. 2. 2023).

6 Vgl Stellungnahmen im Rahmen der Begutachtung „Buchpreisbindungsgesetz 2023", GZ: 2022-0.574.221, abrufbar unter: https://www.parlament.gv.at (zuletzt besucht am 23. 2. 2023).

7 Regierungsvorlage zum Buchpreisbindungsgesetz 2023 – BPrBG 2023, abrufbar unter: https://www.parlament.gv.at/dokument/XXVII/I/1743/fname_1474650.pdf (zuletzt besucht am 23. 2. 2023).

Umso verwunderlicher war die Wortmeldung der Abgeordneten zum Nationalrat *Gabriele Heinisch-Hosek* (SPÖ) im Zuge der Beschlussfassung des Gesetzes, die Folgendes ausgeführt hat: „*Leider, und das bedauern wir von der Sozialdemokratie, kommt die Erhöhung des Buchpreisrabatts für Bibliotheken nicht – wir hätten uns 20 Prozent gewünscht; das haben auch viele im Begutachtungsverfahren gefordert –, er bleibt bei 10 Prozent.*“ Aber auch *Gabriele Heinisch-Hosek* hat in ihrer Rede bestätigt, dass die SPÖ der Vorlage natürlich dennoch ihre Zustimmung erteilen wird.[8] 11

In der Praxis ist in der Vergangenheit darauf gedrängt worden, dass Literaturanschaffungen von öffentlichen Bibliotheken ausgeschrieben werden. Diesbezüglich ist festzuhalten, dass eine **Ausschreibung von Literaturanschaffungen** zumindest bei Büchern und E-Books, die dem BPrBG 2023 unterliegen, die Kosten für die jeweilige Bibliothek tatsächlich nur erhöhen kann. Auszugehen ist nämlich davon, dass die zahlreichen Lieferanten von öffentlichen Bibliotheken den höchstzulässigen Rabatt von 10% ohnehin gewähren und somit Einsparungen schon deshalb gar nicht denkbar sind (von den Kosten für eine Ausschreibung ganz abgesehen). Nicht zuletzt aus diesem Grund (und auch wegen der Bedachtnahme auf die regionale Versorgungsstruktur durch Klein- und Mittelbetriebe) wurde so beispielsweise schon vor Jahren veranlasst, dass (Fach-)Bücher von der Liste jener Güter- und Dienstleistungen gestrichen wurden, welche für die öffentliche Hand von der Bundesbeschaffungs GmbH zu besorgen sind.[9] Es wäre nur logisch und sinnvoll, entsprechende Ausnahmen auch in den Vergabegesetzen vorzusehen, um Rechtssicherheit für die Bibliotheken zu schaffen. 12

8 Vgl 27. GP, Stenographisches Protokoll der 185. Sitzung des NR; abrufbar unter: https://www.parlament.gv.at/dokument/XXVII/NRSITZ/185/A_-_16_13_14_00283675.pdf (zuletzt besucht am 23. 2. 2023).

9 Vgl Bericht des Finanzausschusses, 738. der Beilagen zu den Stenographischen Protokollen des Nationalrates 22. GP betreffend die Novellierung der Änderung der Verordnung zur Bestimmung jener Güter und Dienstleistungen, die nach dem BG über die Errichtung einer Bundesbeschaffungs Gesellschaft mit beschränkter Haftung (BB-GmbH-Gesetz) zu beschaffen sind (BGBl II Nr 2002/312).

A. Welche Voraussetzungen müssen öffentliche Bibliotheken erfüllen?

13 Voraussetzung für die Rabattmöglichkeit ist nach dem klaren Gesetzeswortlaut, dass die **öffentliche Bibliothek „für jedermann"**, also allgemein zugänglich ist. Die Ausnahmebestimmung ist diesbezüglich eng auszulegen.

14 Aus diesem Grund fallen unter diese Ausnahme zwar öffentliche Büchereien, jedoch grundsätzlich keine Bibliotheken von Rechtsanwaltskanzleien, interne Bibliotheken von Unternehmen oder Behörden. Solche Bibliotheken sind nämlich in aller Regel nicht für die Allgemeinheit bestimmt und entsprechend sind diese Bibliotheken auch nicht, wie beispielsweise öffentliche Büchereien, zu bestimmten Öffnungszeiten, die in geeigneter Weise bekannt gemacht sind, öffentlich nutzbar und zugänglich.[10]

B. Schulbibliotheken

15 Anders als bei öffentlichen Bibliotheken müssen **Schulbibliotheken** nicht das Kriterium erfüllen, für jedermann zugänglich zu sein. Es reicht daher jedenfalls aus, wenn die Schulbibliothek den Angehörigen der Schule zur Verfügung steht. Auch macht es für die Anwendbarkeit der Ausnahmebestimmung keinen Unterschied, ob sich die Bibliothek in einer öffentlichen oder in einer privaten Schule befindet.

C. Bibliotheken von Kindergärten?

16 Fraglich ist, ob die Rabattmöglichkeiten in Bezug auf Schulbibliotheken auch für Bibliotheken von Kindergärten zur Verfügung stehen. Obwohl die Ausnahmen zur Bindung an den Mindestpreis grundsätzlich taxativ aufgezählt und nicht extensiv auszulegen sind, wäre eine Ausdehnung der Rabattmöglichkeiten auf Bibliotheken von Kindergärten nur konsequent, wenn man den Sinn der Ausnahme, nämlich dass der Buchhandel zur Kulturpolitik und zu sozialen Anliegen einen Beitrag leistet, zu Ende denkt.

17 Damit liegt hier auch die Vermutung nahe, dass **Bibliotheken von Kindergärten** bei der Schaffung des BPrBG alt wie auch des BPrBG 2023 vom Gesetzgeber nicht bedacht wurden. So findet sich auch in

10 Vgl *Wallenfels/Russ*, Preisbindungsgesetz[7] § 7 Rz 14f.

den Materialien zum Gesetz, soweit ersichtlich, keine Erwähnung von Bibliotheken von Kindergärten. Diese planwidrige Lücke ist entsprechend durch Analogie zu schließen. Nach meiner Einschätzung ist es demnach für Letztverkäufer auch möglich, Bibliotheken von Kindergärten einen Rabatt von 10% einzuräumen.

IV. Verkauf mit Hörerschein

Anders als nach dBuchPrG,[11] hat man in Österreich die traditionelle besondere Rabattmöglichkeit beim Verkauf von Büchern gegen Hörerschein im BPrBG alt beibehalten und mit dem BPrBG 2023 sogar noch ausgebaut und präzisiert. **18**

Während die Möglichkeit des Verkaufs mit **Hörerschein** im BPrBG alt auf Hörer einer Universität beschränkt war, sieht die Regelung des BPrBG 2023 vor, dass diese Rabattmöglichkeit auch für Hörer von Hochschulen gilt. Damit ist das **gesamte österreichische Hochschulsystem** (Universitäten, Fachhochschulen, Pädagogische Hochschulen und Privatuniversitäten/Privathochschulen) in der Bestimmung abgebildet.[12] **19**

Um Umgehungen zu vermeiden, ist diese Rabattmöglichkeit an eine Reihe von Voraussetzungen gebunden, welche, gegenüber dem BPrBG alt, auch um eine Alternative erweitert worden ist, um auch den Bedürfnissen der Studierenden und des Buchhandels in Krisenzeiten (wie etwa der COVID-19-Pandemie) gerecht zu werden.[13] **20**

Neben der traditionellen Möglichkeit, dass ein Hörer einer Universität einen vom Vortragenden unterschriebenen, mit seinem Namen versehenen Hörerschein zum Eigenbedarf einlöst, gibt es nunmehr auch eine gerade bei Massenstudien etwas praktikablere Variante. So reicht es aus, wenn der Hörer eine gleichwertige Bestätigung der jeweiligen Universität bzw Hochschule sowie seinen gültigen Studierendenausweis vorlegt und für jene Bücher, auf die sich die Bestätigung bezieht, ein Hörerscheinpreis in der Referenzdatenbank festgelegt ist.[14] **21**

---

11 Vgl *Wallenfels/Russ*, Preisbindungsgesetz[6] § 7 Rz 42.
12 ErläutRV 1743 BlgNR 27. GP 3.
13 Vgl ErläutRV 1743 BlgNR 27. GP 3.
14 Vgl ErläutRV 1743 BlgNR 27. GP 3.

22 Nur wenn alle Voraussetzungen einer dieser alternativen Varianten vorliegen, darf ein Letztverkäufer einen Rabatt von bis zu 20% gewähren.

V. Verkauf von Mängelexemplaren

23 Mängelexemplare sind preisgebundene Bücher oder Musikalien, die **versehentlich verschmutzt oder beschädigt** worden sind oder **einen sonstigen Mangel** aufweisen, sodass sie von einem durchschnittlichen Letztverbraucher eindeutig nicht mehr als mängelfrei angesehen werden. Die Definition von Mängelexemplaren findet sich in § 3 Z 6 BPrBG 2023, weshalb auch bei dieser Bestimmung darauf eingegangen wird, welche Bücher Mängelexemplare iSd BPrBG 2023 sind.[15]

24 Nur der Vollständigkeit halber ist hier zu erwähnen, dass es iZm E-Books naturgemäß keine Mängelexemplare geben kann, die der Gesetzgeber mit gegenständlicher Bestimmung erfassen wollte.

25 Allgemein ist darauf hinzuweisen, dass bei der Beurteilung, ob ein Buch ein Mängelexemplar ist, jedenfalls **Mängelkennzeichnungen außer Betracht** zu bleiben haben. Allein die Kennzeichnung als Mängelexemplar kann ein Buch nicht zum Mängelexemplar machen.

26 Sowohl die Einordnung von Büchern als Mängelexemplare als auch die Preisgestaltung von Mängelexemplaren führt in der Praxis immer wieder zu Problemen. Dies ist wohl unter anderem auch auf **Unterschiede zwischen der deutschen und österreichischen Rechtslage** bezüglich Mängelexemplaren zurückzuführen. Dies umso mehr, als viele Bücher als Mängelexemplar gekennzeichnet, vielfach von Deutschland importiert werden.

27 Während nach der österreichischen Rechtslage bei Mängelexemplaren nur ein handelsübliches Abweichen im Verhältnis zum Mangel zulässig ist, gilt in Deutschland gemäß § 7 Abs 1 Z 4 iVm § 3 dBuchPrG die Preisbindung für Mängelexemplare erst gar nicht. Die praktische Relevanz dieses Unterschieds spielt jedoch schon deshalb vielfach keine große Rolle, weil, wenn tatsächlich ein Mängelexemplar vorliegt, regelmäßig auch nach österreichischem Recht er-

15 Siehe dazu im Detail § 3 „Mängelexemplar", Rz 35ff.

hebliche Preisnachlässe im Bereich von 20, 30 oder auch 50% angemessen sein werden.

Von größerer Bedeutung ist die Unterscheidung der Rechtslage bezüglich der **Kennzeichnung als Mängelexemplar.** Diese Kennzeichnung ist nämlich nach deutscher Rechtslage überhaupt Voraussetzung dafür, dass ein Buch als Mängelexemplar verkauft werden kann und entsprechend die deutschen Preisbindungsregeln nicht mehr anwendbar sind. Nach österreichischer Rechtslage spielt eine Kennzeichnung als Mängelexemplar, wie erwähnt, weder eine Rolle bei der Beantwortung der Frage, ob ein Mängelexemplar vorliegt, noch ist eine solche Kennzeichnung Voraussetzung dafür, dass für ein Buch die Ausnahme für Mängelexemplare zur Anwendung kommen kann. Hinzu kommt, dass in Deutschland eine Aufhebung des Ladenpreises unter bestimmten Voraussetzungen möglich ist, während eine Aufhebung des Mindestpreises nach dem BPrBG 2023 nicht möglich ist, sondern für deutschsprachige Bücher und E-Books vielmehr immer ein Mindestpreis festgesetzt und bekanntgemacht bleiben muss.[16] 28

Während der deutsche Gesetzgeber die Kennzeichnung als Mängelexemplar vorgeschrieben hat, um Umgehungen der Preisbindung hintan zu halten,[17] werfen diesbezügliche Umgehungen aufgrund der klareren Definition nach österreichischem Recht (ein Buch, das für einen durchschnittlichen Letztverbraucher eindeutig nicht mehr als mängelfrei erscheint), soweit ersichtlich, in der Praxis weniger Probleme auf. 29

VI. Kollegen- und Autorenrabatt

Neu werden durch das BPrBG 2023 zwei Ausnahmen aufgenommen. In dem gänzlich neu formulierten § 8 Abs 2 BPrBG 2023 findet sich eine Rabattmöglichkeit für Autoren bezüglich der Verlagsprodukte ihres Verlags sowie der sogenannte Kollegenrabatt, wobei beide Ausnahmen auf den Eigenbedarf beschränkt sind. 30

Beide Ausnahmen sind nach **Vorbild bestehender Ausnahmen im dBuchPrG** gestaltet, weshalb man bei der Auslegung dieser Bestim- 31

16 Siehe dazu im Detail § 2 „Modernes Antiquariat", Rz 23ff.
17 Vgl *Wallenfels/Russ,* Preisbindungsgesetz[7] § 7 Rz 8.

mungen vielfach auch auf die deutsche Rechtslage und Kommentarliteratur zurückgreifen kann. Anders ist jedoch die Regelungssystematik der Ausnahmen: Während die deutsche Regelung vorsieht, dass für Verkäufe, die unter die Ausnahmen fallen, die Preisbindung nicht gilt, sieht die neue österreichische Regelung vor, dass Letztverkäufer für diese Verkäufe nach freiem Ermessen vom Mindestpreis abweichen können.

32 Der sogenannte **Kollegenrabatt** darf beim Verkauf von preisgebundenen Waren an Branchenunternehmer (Verleger, Importeure, Buchhändler) und zu diesen in einem Dienstverhältnis stehende Arbeitnehmer für deren Eigenbedarf gewährt werden. Er soll dazu beitragen, dass Mitarbeiter in der Branche, wie Angestellte von Buchhandlungen, mehr lesen, was sich sowohl auf deren Wissen als auch deren Beratungstätigkeit positiv auswirkt.[18]

33 Der Kollegenrabatt ist grundsätzlich eng auszulegen. Entsprechend schließt der Gesetzeswortlauf beispielsweise Zeitungsverlage und deren Arbeitnehmer ebenso wenig ein, wie die Mitarbeiter anderer Medien, wie zB Rundfunk und Fernsehen.[19] Eine besondere Bewerbung des Kollegenrabatts, um die eigenen Umsätze anzukurbeln, würde als Missbrauch des Kollegenrabatts angesehen werden. Entsprechend haben deutsche Gerichte beispielsweise die Übermittlung von Weihnachts- und Oster-Sonderangeboten mit Bestelllisten von Verlagen an Mitarbeiter anderer Verlage untersagt und dies damit begründet, dass es den Verlagen dabei viel mehr um den eigenen Umsatz und weniger um die Kollegen geht und dass bei sonstigen Angeboten nicht sichergestellt ist, dass der Rabatt nur den von diesem Ausnahmetatbestand Begünstigen für deren Eigenbedarf zukommt.[20]

34 Der **Autorenrabatt** soll den Verlagen die Möglichkeit geben, ihren eigenen Autoren nicht nur deren eigene Bücher für den Eigenbedarf günstiger anbieten, sondern diesen auch das sonstige Verlagsprogramm für den Eigenbedarf günstiger zur Verfügung stellen zu können.

18 Vgl ErläutRV 1743 BlgNR 27. GP 4.
19 Vgl *Wallenfels/Russ*, Preisbindungsgesetz[7] § 7 Rz 2.
20 Vgl *Wallenfels/Russ*, Preisbindungsgesetz[7] § 7 Rz 2.

Wesentlich ist, dass der Autorenrabatt nicht für Produkte anderer Verlage, auch nicht des gleichen Konzerns, gewährt werden darf. *Wallenfels/Russ* halten zur deutschen Rechtslage weiters fest, dass die Ausnahme grundsätzlich auch für Mitautoren gilt, jedoch ein ganz geringer Autorenbeitrag zu einem Mehrautorenwerk nicht ausreicht und vielmehr der Beitrag des Mitautors **selbst prägend für das Werk** sein muss. Nach deutscher Rechtslage werden auch Herausgeber und Übersetzer unter diese Bestimmung subsumiert.[21] 35

VII. Verkauf im Rahmen der Schulbuchaktion

Bücher und E-Books, die im Rahmen der **Schulbuchaktion** abgegeben werden, sind gemäß § 8 Abs 3 BPrBG 2023 vom Anwendungsbereich des BPrBG 2023 **ausgenommen.** Von dieser Bestimmung darf jedoch keinesfalls abgeleitet werden, dass Schulbücher generell nicht unter den Anwendungsbereich des BPrBG 2023 fallen. Werden nämlich Schulbücher außerhalb der Schulbuchaktion verkauft, dann ist die Preisbindung ganz normal einzuhalten: 36

Somit ist für jedes deutschsprachige Schulbuch, das auch **außerhalb der Schulbuchaktion vertrieben** wird, vom Verlag einerseits ein Mindestpreis nach den Bestimmungen des BPrBG 2023 festzulegen und bekanntzumachen. Andererseits haben Schulbuchverleger im Direktvertrieb, aber auch Buchhändler, diesen Mindestpreis entsprechend einzuhalten, wenn ein Buch außerhalb der Schulbuchaktion verkauft wird. Die Buchpreisbindung ist somit beispielsweise einzuhalten, wenn ein Lehrer oder eine schulfremde Person ein offiziell als Schulbuch zugelassenes Buch erwirbt. 37

Die früher vielfach gängige Praxis, Lehrern einen Rabatt von 20% auf preisgebundene Bücher (Schulbücher) zu gewähren, musste als ungesetzlich entsprechend aufgegriffen und abgestellt werden. Auch wenn ein Schüler während des Schuljahres ein Buch, das in der Schulbuchliste enthalten ist, in einer Buchhandlung oder direkt beim Verlag (und somit außerhalb der Schulbuchaktion) kauft, fällt dies unter den Anwendungsbereich des BPrBG 2023 und unterliegt somit der Buchpreisbindung. 38

21 Vgl *Wallenfels/Russ,* Preisbindungsgesetz[7] § 7 Rz 4.

VIII. Ausnahmen vom BPrBG 2023 aufgrund anderer Gesetzesstellen

39 Neben den in § 8 BPrBG 2023 angeführten Sonderregelungen für bestimmte Verkäufe und Ausnahmen vom BPrBG 2023, ergeben sich aus anderen Gesetzesstellen noch **wichtige Ausnahmen vom Gesetz.**

40 Selbst nach der Ausdehnung des sachlichen Anwendungsbereichs des BPrBG alt durch die Novelle 2014 auf alle Verkäufe an österreichische Letztverbraucher ergibt sich eine wesentliche Einschränkung des Anwendungsbereichs noch immer aus dessen Definition selbst. Anders als beispielsweise in Deutschland fällt der **Verkauf von fremdsprachigen Büchern und E-Books** generell nicht in den Anwendungsbereich der Buchpreisbindung, weil dieser ausdrücklich nur deutschsprachige Bücher umfasst.[22]

41 Weiters ist in § 7 Abs 3 BPrBG 2023 eine bedeutende Ausnahme für **Lagerabverkäufe** von Letztverkäufern vorgesehen: Für physische Bücher, deren Mindestpreis vor mehr als 24 Monaten zum ersten Mal bekannt gemacht wurde und deren Lieferzeitpunkt länger als sechs Monate zurückliegt, gilt die Verpflichtung zur Preisbindung unter der Voraussetzung nicht, dass ein Letztverkäufer einen solchen Verkauf auch ausdrücklich als „Lagerabverkauf“ angekündigt hat.[23]

42 Schließlich ist in diesem Zusammenhang auch zu erwähnen, dass in Österreich generell gemäß § 7 Abs 1 BPrBG 2023 **Rabatte von bis zu 5% vom Mindestpreis gewährt** (jedoch in keiner Form angekündigt) werden dürfen,[24] während nach der deutschen Regelung grundsätzlich ein fixer Ladenpreis gilt.

IX. Ausnahmen, die es in Deutschland, nicht aber in Österreich gibt

43 Wie schon ausgeführt, sorgen vielfach Unterschiede zwischen der deutschen und österreichischen Rechtslage wegen der starken Verschränkung der Märkte für Anwendungsprobleme, weshalb in diesem Zusammenhang auf die weiteren deutschen Ausnahmen von der Buchpreisbindung kurz hinzuweisen ist:

22 Siehe dazu im Detail § 2 „Fremdsprachige Bücher“, Rz 39f.
23 Siehe dazu im Detail § 7 „Ausnahme Lagerabverkäufe“, Rz 37ff.
24 Siehe dazu im Detail § 7 „Einleitung und Aufbau der Regelung“, Rz 3f.

Gemäß § 7 Abs 1 Z 5 dBuchPrG gibt es in **Deutschland** eine Ausnahme für einen auf 30 Tage beschränkten **Räumungsverkauf** für den Fall einer endgültigen Schließung einer Buchhandlung.[25] Eine solche Ausnahme ist dem österreichischen BPrBG 2023 fremd; bei einer Geschäftsschließung ist in Österreich lediglich ein Lagerverkauf unter Beachtung der Grenzen und Voraussetzungen des § 7 Abs 3 BPrBG 2023 möglich.[26] Da die österreichische Buchpreisbindung jedoch nur die Verkäufe an Letztverbraucher umfasst, besteht in Österreich die Möglichkeit, Buchbestände an andere Wiederverkäufer ohne Beachtung des BPrBG 2023 weiterzuverkaufen.[27] **44**

Weiters ist nach **deutschem Recht** der Verkauf von **Büchern an Lehrer zur Prüfung** einer Verwendung im Unterricht von der deutschen Preisbindung ausgenommen.[28] Auch eine solche Ausnahme besteht nach der österreichischen Rechtslage nicht. **45**

Eine weitere Ausnahme gibt es in **Deutschland** schließlich für **Sammelbestellungen von Büchern** für den Schulunterricht.[29] In Österreich sind Beschaffungen von Schulbüchern primär über die Schulbuchaktion geregelt, welche vom Anwendungsbereich des BPrBG 2023 ausgenommen ist. Für sonstige Bestellungen, wenn diese nicht in andere Ausnahmen fallen (beispielsweise für Beschaffungen der Schulbibliothek), sind die normalen Regelungen des BPrBG 2023 einzuhalten. **46**

25 Vgl § 7 Abs 1 Z 5 dBuchPrG.

26 Siehe dazu im Detail § 7 „Ausnahme Lagerabverkäufe", Rz 37 ff.

27 Siehe zu den Möglichkeiten in Österreich bei Schließung und Insolvenz auch § 7 „Ausnahmen bei endgültiger Schließung oder Insolvenz?", Rz 46 ff.

28 Vgl § 7 Abs 1 Z 3 dBuchPrG.

29 § 7 Abs 3 dBuchPrG.

Handlungen gegen die Preisfestsetzung und Preisbindung

§ 9. Handlungen gegen § 4 Abs. 1 bis 3, § 5 Abs. 1 oder § 7 Abs. 1 bis 3 gelten als Handlungen im Sinne des § 1 des Bundesgesetzes gegen den unlauteren Wettbewerb 1984, BGBl. Nr. 448/ 1984, in der jeweils geltenden Fassung.

Stammfassung.

Übersicht

I. Verhältnis zum BPrBG alt

§ 9 BPrBG 2023 entspricht bis auf Anpassungen wegen der Verschiebung von Bestimmungen zwischen BPrBG alt und BPrBG 2023 der Bestimmung des § 7 BPrBG alt.[1] **1**

Jedenfalls ist die Rechtsprechung zum Rechtsfolgenverweis des BPrBG alt ohne Einschränkungen auf die neue Bestimmung übertragbar. **2**

---

1 Vgl auch ErläutRV 1743 BlgNR 27. GP 4.

II. Entwicklung der Sanktionen für Buchpreisbindungsverstöße

3 Während bei Einführung der Buchpreisbindung Ende des 19. Jahrhunderts Buchpreisbindungsverstöße hauptsächlich mit Ausschluss aus dem Verein der österreichisch-ungarischen Buchhändler und damit mit Lieferboykotten bedroht waren,[2] entwickelte sich nach dem 2. Weltkrieg das Lauterkeitsrecht und somit das UWG zum Werkzeug für das gerichtliche Vorgehen gegen Verstöße.

4 Ausgangspunkt dafür war der Erlass der VVO durch den Verein der österreichischen Buch-, Kunst-, Musikalien-, Zeitungs- und Zeitschriftenhändler[3] im Jahr 1947 sowie die Verkündung des Handelsbrauchs der Buchpreisbindung durch das Bundesgremium des Handels mit Büchern, Musikalien, Zeitungen und Zeitschriften der Bundeswirtschaftskammer[4] im Jahre 1948,[5] der die VVO vorläufig für alle Mitglieder des Bundesgremiums für verbindlich erklärt und ihre Nichtbeachtung mit Strafsanktionen[6] bedroht hat.[7]

5 Damit waren Buchpreisbindungsverstöße schon vor Geltung des BPrBG alt als Verstöße gegen die VVO und später gegen den Sammelrevers gerichtlich primär mit dem UWG zu verfolgen. In diesem Zusammenhang hat beispielsweise *Barfuß* zur VVO festgestellt, dass der feste Ladenpreis auch für Nichtmitglieder des Hauptverbands des österreichischen Buchhandels verbindlich ist und nach dem UWG vor den Gerichten tatsächlich und wirkungsvoll durchgesetzt werden kann.[8]

6 Der OGH hat auf Grundlage der Veröffentlichung des Bundesgremiums des Handels mit Büchern, Musikalien, Zeitungen und Zeitschriften in der Entscheidung *Baedeckers Reiseführer* schließlich aus-

---

2 Siehe dazu im Detail Vor § 1 „*Kröner'sche* Reform und Satzungen des Vereins der österreichisch-ungarischen Buchhändler", Rz 3ff.

3 Nunmehr: Hauptverband des österreichischen Buchhandels.

4 Nunmehr: Fachverband der Buch- und Medienwirtschaft.

5 Siehe dazu im Detail Vor § 1 „Verkehrs- und Verkaufsordnung 1947", Rz 6ff.

6 Von Ordnungsstrafen bis – bei beharrlichen Verstößen – zum Entzug der Gewerbeberechtigung.

7 OGH 2. 4. 1985, 4 Ob 395/84, *Baedeckers Reiseführer,* ÖBl 1985, 153.

8 *Barfuß,* Rechtsgutachten zum festen Ladenpreis im österreichischen Buchhandel, Anzeiger des österreichischen Buchhandels Nr 8/1983, 84.

geführt, dass im österreichischen Buchhandel der Verleger kraft Handelsbrauch den Ladenpreis bestimmt, an den sich der Buchhändler beim Verkauf an Letztverbraucher zu halten hat und dass ein Unterbieten dieser Ladenpreise iSd § 1 UWG wettbewerbswidrig ist.[9]

Nach alter Rechtslage vor dem BPrBG alt waren noch die spezifischen Anspruchsvoraussetzungen des § 1 UWG zu prüfen, beispielsweise ob ein Verstoß sittenwidrig ist. Ausgehend vom BPrBG alt wurde jedoch festgelegt, dass bestimmte Verstöße als Handlungen iSd § 1 UWG gelten. Dadurch sind die durch den Verweis des § 9 BPrBG 2023 erfassten Verstöße vielmehr analog zu den „per se-Verboten" der „Schwarzen Liste" des Anhangs des UWG zu behandeln und eine Prüfung von weiteren spezifischen Anspruchsvoraussetzungen des § 1 UWG ist nicht mehr erforderlich.[10] 7

III. Sanktionssystem des BPrBG 2023

Während man im ursprünglichen Gesetzesantrag zum BPrBG alt im März 2000 noch Verwaltungsstrafen gegen Verstöße wider die Bekanntmachung von Letztverkaufspreisen vorsah,[11] hat man im Buchpreisbindungsgesetz durch § 7 BPrBG alt und nunmehr § 9 BPrBG 2023 letztlich den Weg gewählt, **allfällige Verstöße** gegen das Gesetz ausschließlich **mit den Mitteln des Lauterkeitsrechts (UWG) zu sanktionieren.**[12] 8

Im Gegensatz zu **Deutschland,** wo ein dem UWG angenähertes Sanktionssystem im dBuchPrG selbst geregelt ist,[13] kommt das BPrBG 2023 in Österreich mit einem einfachen Verweis auf das UWG aus. Dessen ungeachtet sind die Rechtsfolgen bei Buchpreisbindungsverstößen in Österreich und Deutschland im Ergebnis sehr ähnlich. 9

9 OGH 2. 4. 1985, 4 Ob 395/84, *Baedeckers Reiseführer,* ÖBl 1985, 153.

10 Nunmehr gesichert durch OGH 27. 8. 2013, 4 Ob 57/13f, *Thalia II,* ecolex 2013, 1089 *(Horak)* = ÖBl 2014, 9 *(Wiltschek);* s dazu im Detail § 7 „Buchpreisbindungsverstöße mit „per se-Verboten" des UWG vergleichbar", Rz 14ff.

11 Vgl IA vom 22. 3. 2000, 126/A 21. GP, ursprünglicher § 9.

12 Vgl *Eixelsberger,* „Sittenwidrigkeit" kraft gesetzlicher Fiktion? ÖBl 2001, 244.

13 Vgl §§ 9, 10 dBuchPrG.

IV. „Preisbindungstreuhänder"

10 Bemerkenswert ist, dass im dBuchPrG ausdrücklich die Preisbindungstreuhänder Erwähnung finden, womit der Gesetzgeber die Hoffnung verknüpft, dass auch in Zukunft eine Vielzahl von Preisbindungsverstößen branchenintern abgestellt und sanktioniert werden.[14] Durch den generellen Verweis des § 9 BPrBG 2023 auf das UWG und die damit verbundene Klagebefugnis für Vereinigungen zur Förderung wirtschaftlicher Interessen von Unternehmern[15] ist ein solcher ausdrücklicher Verweis im BPrBG 2023 nicht notwendig.

11 So hat in Österreich – auch ohne einer solchen speziellen Erwähnung des **„Preisbindungstreuhänders"** im Gesetz – der Fachverband der Buch- und Medienwirtschaft einen Rechtsanwalt damit beauftragt, zentrale Anlaufstelle der Branche in Buchpreisbindungsfragen zu sein und auch gegen Verstöße gegen das BPrBG 2023 vorzugehen.[16]

V. Betroffene Normen, Verstöße im Überblick

12 Inhaltlich wird durch § 9 BPrBG 2023 festgelegt, dass Verstöße gegen die Preisfestsetzung (§ 4 Abs 1–3 BPrBG 2023), gegen die Bekanntmachung des Mindestpreises (§ 5 Abs 1 BPrBG 2023) sowie gegen die Preisbindung (§ 7 Abs 1–3 BPrBG 2023) als Verstöße gegen § 1 UWG gelten.

13 Somit gilt es insbesondere als Verstoß gegen § 1 UWG wenn,

- ein **Verleger** eines preisgebundenen Buchs/E-Books keinen Mindestpreis festsetzt und/oder diesen Mindestpreis nicht oder nicht gehörig bekannt macht (§ 4 Abs 1 BPrBG 2023).

---

14 *Wallenfels/Russ,* Preisbindungsgesetz[7] § 9 Rz 1.

15 Vgl § 14 Abs 1 UWG.

16 Vgl *Information des Fachverbands der Buch- und Medienwirtschaft,* abrufbar unter: https://www.wko.at/branchen/information-consulting/buch-medienwirtschaft/buchpreisbindungskanzlei.html (zuletzt besucht am 23. 2. 2023); vgl auch Interview mit „Preisbindungsanwalt *Dr. Bernhard Tonninger*" im Sortimenterbrief November 2022 zum Titel *„Das neue Buchpreisbindungsgesetz steht unmittelbar vor der Beschlussfassung"*, abrufbar unter: https://sortimenterbrief.schwarzer.at/sortimenterbrief-november-2022/67372621/20 (zuletzt besucht am 23. 2. 2023); zur Aktivlegitimation s im Detail § 9 „Aktivlegitimation – Wer kann vorgehen?", Rz 40 ff.

- ein **Importeur** eines preisgebundenen Buchs/E-Books, wenn für Österreich noch kein Mindestpreis festgesetzt und gehörig bekannt gemacht wurde, keinen Mindestpreis festsetzt und/oder diesen Mindestpreis nicht oder nicht gehörig bekannt macht (§ 4 Abs 1 BPrBG 2023).
- sich ein **Importeur** eines preisgebundenen Buchs/E-Books bei der Festsetzung des Mindestpreises nicht an den vom Verleger für Österreich empfohlenen Mindestpreis hält (§ 4 Abs 2 BPrBG 2023).
- ein **Importeur** eines preisgebundenen Buchs/E-Books, für das im Verlagsstaat ein Preis festgesetzt oder empfohlen ist, diesen Preis unter Berücksichtigung der unterschiedlichen Umsatzsteuern bei der Festsetzung des Mindestpreises unterschreitet (§ 4 Abs 2 BPrBG 2023).
- ein **Reimporteur** von in Österreich verlegten preisgebundenen Büchern/E-Books einen niedrigeren Mindestpreis festsetzt, obwohl diese Bücher allein zum Zweck ihrer Wiedereinfuhr ausgeführt wurden (§ 4 Abs 3 BPrBG 2023).
- ein **inländischer Verleger oder ein Importeur** eines preisgebundenen Buchs/E-Books den festgesetzten Mindestpreis nicht rechtzeitig vor dem ersten Inverkehrbringen oder vor jeder Preisänderung gehörig bekannt macht (§ 5 Abs 1 BPrBG 2023).
- ein **Letztverkäufer** bei der Veräußerung von preisgebundenen Büchern/E-Books an Letztverbraucher einen Rabatt von über 5% vom Mindestpreis gewährt (§ 7 Abs 1 BPrBG 2023).
- ein **Letztverkäufer** bei der Veräußerung von preisgebundenen Büchern/E-Books im geschäftlichen Verkehr zu Zwecken des Wettbewerbs eine Unterschreitung des Mindestpreises ankündigt (§ 7 Abs 2 BPrBG 2023).

VI. Buchpreisbindungsverstöße mit „per se-Verboten" des UWG vergleichbar

Im Zusammenhang mit der Einordnung des Verweises von § 9 BPrBG 2023 auf § 1 UWG und mit der Behandlung von Verstößen gegen das BPrBG 2023 ist die Entscheidung des Obersten Gerichtshofs *Thalia*[17] im Jahr 2012 im Schrifttum überwiegend auf Unver- 14

17 OGH 28. 2. 2012, 4 Ob 1/12v, *Thalia*, ÖBl 2012, 162 *(Wiltschek)* = MR 2012, 262 *(Heidinger)*.

ständnis gestoßen.[18] Der OGH unterstellte in dieser Entscheidung, dass Verstöße gegen das Buchpreisbindungsgesetz in die Fallgruppe „Wettbewerbsvorsprung durch Rechtsbruch" einzuordnen seien und deshalb nur die Vertretbarkeit und nicht die Richtigkeit der dem beanstandeten Verhalten zugrunde liegenden Rechtsauffassung zu prüfen wäre.

15 Einzuräumen ist, dass der generelle Verweis auf § 1 UWG aufgrund dessen Besonderheit tatsächlich einige Auslegungsfragen aufwirft. Die zentrale Frage wurde jedoch schon von *Eixelsberger*[19] im Jahr 2001 richtig beantwortet: Mit § 7 BPrBG alt (nunmehr § 9 BPrBG 2023) wurde eine Fiktion geschaffen, der zufolge Verletzungen der dort genannten Bestimmungen als Verstöße gegen 1 UWG zu gelten haben, auch wenn der konkrete Sachverhalt nicht unter § 1 UWG zu subsumieren ist.[20]

16 Im Zuge der Entscheidung *Thalia II*[21] hat sich das Höchstgericht sodann wirklich eingehend mit dieser Frage auseinandergesetzt, indem es sowohl auf das Schrifttum als auch auf die Gesetzesmaterialien eingegangen ist und auf dieser Basis seine noch im Sicherungsverfahren vertretene Auffassung ausdrücklich revidiert hat. Somit ist nunmehr gesichert davon auszugehen, dass § 9 BPrBG 2023 keinen bloßen Verweis auf den Rechtsbruchtatbestand beinhaltet, sondern dass es sich vielmehr um einen **Rechtsfolgenverweis** handelt.

17 Diese Einordnung ist schon deshalb von immanenter Bedeutung, weil die Gerichte entsprechend nur mehr zu prüfen haben, ob ein

18 *Tonninger,* OGH sollte undifferenzierte Haltung zum Buchpreisbindungsgesetz revidieren, ecolex 2012, 622; *Wiltschek* in seiner Anm zu 4 Ob 1/12v, ÖBl 2012, 164. Differenzierte Lösung mit faktisch gleichem Ergebnis *Heidinger* in seiner Anm zu 4 Ob 1/12v, MR 2012, 263. AA *Haberer,* Buchpreisbindung, grenzüberschreitender elektronischer Handel und § 1 UWG, in FS Aicher (2012) 221.

19 *Eixelsberger,* „Sittenwidrigkeit" kraft gesetzlicher Fiktion? ÖBl 2001, 243 ff.

20 *Eixelsberger,* „Sittenwidrigkeit" kraft gesetzlicher Fiktion? ÖBl 2001, 251; s zur Richtigkeit dieses Lösungsansatzes im Detail *Tonninger,* OGH sollte undifferenzierte Haltung zum Buchpreisbindungsgesetz revidieren, ecolex 2012, 622 (auch mit weitergehenden Argumenten).

21 OGH 27. 8. 2013, 4 Ob 57/13f, *Thalia II,* ecolex 2013, 1089 *(Horak)* = ÖBl 2014, 9 *(Wiltschek).*

Verstoß gegen das BPrBG 2023 vorliegt, jedoch weitere **Anspruchsvoraussetzungen des Rechtsbruchtatbestand außer Acht zu lassen** haben. So ist insbesondere nicht relevant, ob die Auffassung eines Beklagten mit guten Gründen vertretbar wäre[22] oder ob ein Verstoß geeignet wäre, den Wettbewerb zwischen Unternehmen nicht nur unerheblich zu beeinflussen[23].

Nach der Terminologie und neuen Systematik des Lauterkeitsrechts 18
nach der UWG-Novelle sind die im Verweis des § 9 BPrBG 2023 erfassten Verstöße somit mit den **„per se-Verboten"** des Anhangs zu **vergleichen.**

Ein derartiges Verständnis widerspricht auch nicht dem Unions- 19
recht, insbesondere nicht der Richtlinie 2005/29/EG über unlautere Geschäftspraktiken (RL-UGP)[24], was sich nach mE schon aus der **Rechtsprechung des EuGH** ergibt. So erging die **Entscheidung** *Fachverband der Buch- und Medienwirtschaft*[25] am 30. 4. 2009 und somit Jahre nach Verabschiedung der RL-UGP. Dennoch hat der EuGH in diesem Judikat das Fundament der Buchpreisbindung in Europa gelegt, indem er festgehalten hat, dass *„der Schutz von Büchern als Kulturgut als zwingendes Erfordernis des Allgemeininteresses angesehen werden [kann], das geeignet ist, Maßnahmen zu rechtfertigen, die die Freiheit des Warenverkehrs beschränken, sofern mit ihnen das gesetzte Ziel erreicht werden kann und sie nicht über das hinausgehen, was für die Erreichung dieses Ziels erforderlich ist."*

Abgesehen davon hält ErwGr 6 RL-UGP fest, dass Rechtsvorschrif- 20
ten bezüglich Geschäftspraktiken, die *„lediglich die wirtschaftlichen Interessen von Mitbewerbern schädigen"* oder sich auf *„ein Rechtsgeschäft zwischen Gewerbetreibenden beziehen"*, nicht von der RL-UGP erfasst sind. Damit ist jedoch der Bereich „Business to Business" ausdrücklich vom Anwendungsbereich der Richtlinie ausgenommen. Da sich das BPrBG 2023 primär an Verleger, Importeure und Wiederverkäufer und nicht an Verbraucher richtet, steht die RL-UGP auch aus diesem Grund den Regelungen des BPrBG 2023 nicht entgegen.

22 Vgl *Frauenberger* in *Wiebe/Kodek,* Kommentar zum UWG² § 1 Rz 871 ff.

23 Vgl *Frauenberger* in *Wiebe/Kodek,* Kommentar zum UWG² § 1 Rz 890 ff.

24 ABl L 2005/149, 22.

25 EuGH 30. 4. 2009, Rs C-531/07, *Fachverband der Buch- und Medienwirtschaft,* MR 2009, 164.

21 Der Schutz von Büchern als Kulturgut hat somit in Europa ohne Zweifel einen besonderen Stellenwert, weshalb mE auch die Ausgestaltung der Tatbestände als quasi „per se“-Verbot **europarechtlich nicht bedenklich** ist. Dies wird auch durch das Faktum unterstrichen, dass sich die **Europäische Kommission** im Zuge des **Notifikationsverfahrens** zum BPrBG 2023 **nicht geäußert** hat.[26]

VII. Wann kann man nach UWG vorgehen?

22 Ein Vorgehen nach UWG ist vor diesem Hintergrund immer dann möglich, wenn die Tatbestandsvoraussetzungen einer jener Bestimmungen erfüllt sind, für die § 9 BPrBG 2023 ausdrücklich vorgesehen hat, dass Verstöße dagegen als Handlungen iSd § 1 UWG gelten. Wie ausgeführt, hat der Gesetzgeber nämlich lediglich auf die Rechtsfolgen und nicht auch auf die Anspruchsvoraussetzungen des § 1 UWG verwiesen, weshalb Verstöße gegen die in § 9 BPrBG 2023 erwähnten Bestimmungen wie „per se-Verbote“ des Anhangs des UWG zu behandeln sind. Wenn der Tatbestand eines Verstoßes gegen die in § 9 BPrBG 2023 erwähnten Bestimmungen erfüllt ist, ist es demnach unerheblich, ob auch die spezifischen Anspruchsvoraussetzungen des § 1 UWG vorliegen, also beispielsweise ob das „Spürbarkeitserfordernis“ erfüllt ist.[27]

VIII. Sanktionen – Ansprüche aus § 1 UWG

23 Bei Verstößen gegen die in § 9 BPrBG 2023 erwähnten Bestimmungen des BPrBG 2023 stehen, wie bei Verstößen gegen § 1 UWG, die **Ansprüche auf Unterlassung** (§ 14 UWG), **Beseitigung** (§ 15 UWG), **Schadenersatz** (§ 16 UWG) und **Urteilsveröffentlichung** (§ 25 UWG) zu, wobei der Unterlassungsanspruch auch mit einer **Einstweiligen Verfügung** (§ 24 UWG) durchgesetzt werden kann.

A. Unterlassungsanspruch

24 Voraussetzung für einen **Unterlassungsanspruch** ist nach stRsp eine Unterlassungspflicht sowie die konkrete Gefahr der Zuwiderhandlung gegen diese Pflicht.[28] Die Unterlassungspflicht ergibt sich bei

26 Vgl § 12 „Konkretes Notifikationsverfahren“, Rz 6ff.
27 Vgl *Frauenberger* in *Wiebe/Kodek*, Kommentar zum UWG² § 1 Rz 890ff.
28 Vgl *Kodek/Leupold* in *Wiebe/Kodek*, Kommentar zum UWG² § 14 Rz 4.

den Bestimmungen des BPrBG 2023 aus jenen Verhaltensnormen, die gemäß § 9 BPrBG 2023 als Verstöße gegen § 1 UWG gelten.

Ob die konkrete Gefahr einer Zuwiderhandlung besteht, wird in der Regel davon abgeleitet, dass bereits ein Eingriff stattgefunden hat und – so dieser Eingriff nicht ohnehin noch andauert – Wiederholungsgefahr besteht. Bei der Annahme der Wiederholungsgefahr ist nach der Rechtsprechung jedoch großzügig vorzugehen. Sie wird unter normalen Umständen nur dann wegfallen, wenn der Verletzer die berechtigten Ansprüche des Einschreiters „rückhaltlos“ anerkennt.[29] 25

Eine solche **rückhaltlose Anerkennung der Ansprüche** hat insbesondere das Angebot eines umfassenden vollstreckbaren Unterlassungsvergleichs, der (wenn berechtigt gefordert) auch den Anspruch auf Urteilsveröffentlichung einzuschließen hat, sowie den Ersatz der tarifmäßigen Kosten für das Einschreiten zu umfassen hat.[30] 26

Neben diesem „gewöhnlichen“ Unterlassungsanspruch kann, selbst ohne dass eine Verletzung einer bestimmten Norm bereits erfolgt ist, ein **vorbeugender Unterlassungsanspruch** bestehen, wenn „Erstbegehungsgefahr“ gegeben ist. Diese ist in der Regel dann anzunehmen, wenn eine konkrete Besorgnis einer Rechtsverletzung besteht, und diese Rechtsverletzung unmittelbar drohend bevorsteht.[31] So kann beim bloßen Anbieten oder Ankündigen eines verbotenen Rabatts in der Regel auch dessen Gewährung (wenn auch diese untersagt ist) verboten werden.[32] 27

Wie in Deutschland wird auch in Österreich in der Praxis vielfach das Vorgehen gegen Verstöße durch Abgabe einer Unterlassungserklärung beendet, in welcher sich der Verletzer insbesondere zu einer Konventionalstrafe für den Wiederholungsfall sowie zum Abschluss eines gerichtlichen Unterlassungsvergleichs verpflichtet.[33] 28

29 Vgl *Kodek/Leupold* in *Wiebe/Kodek*, Kommentar zum UWG[2] § 14 Rz 14, 49.

30 Vgl *Kodek/Leupold* in *Wiebe/Kodek*, Kommentar zum UWG[2] § 14 Rz 31ff.

31 Vgl *Wiltschek/Horak*, UWG[8] E 68f zu § 14.

32 Vgl *Wiltschek/Horak*, UWG[8] E 77f zu § 14.

33 Vgl *Wallenfels/Russ*, Preisbindungsgesetz[7] § 9 Rz 7ff.

B. Beseitigungsanspruch

29 Der **Beseitigungsanspruch** dient der Abwehr bereits erfolgter, aber noch andauernder Rechtsverletzungen. Wurde durch die Rechtsverletzung ein Dauerzustand herbeigeführt, wie durch die Anbringung eines Plakats mit einer Rabattankündigung auf preisgebundene Bücher im Schaufenster, so umfasst in der Regel schon der Anspruch auf Unterlassung auch das Recht auf Beseitigung des gesetzwidrigen Zustands, solange dem Verletzer noch die Verfügung hierüber zusteht.[34]

30 Nach der Rechtsprechung läuft in Fällen, in denen die Nichtbeseitigung gleichbedeutend mit der Fortsetzung der Verletzungshandlung ist, der Beseitigungs- mit dem Unterlassungsanspruch parallel, sodass der Unterlassungsanspruch auch die Verpflichtung zur Beseitigung andauernder Störungen enthält. Nur in Fällen, in denen Unterlassungs- und Beseitigungsanspruch nicht gleichgerichtet sind, ist der Beseitigungsanspruch ein selbständiger Anspruch.[35]

31 In Deutschland ist zwar der Beseitigungsanspruch nicht in § 9 dBuchPrG vorgesehen; auch hier läuft jedoch der Beseitigungsanspruch mit dem Unterlassungsanspruch in jenen Fällen parallel, in denen die Nichtbeseitigung gleichbedeutend mit der Fortsetzung der Verletzungshandlung ist.[36]

C. Schadenersatzanspruch

32 Gemäß § 1 UWG steht neben dem Unterlassungsanspruch bei Verschulden auch ein Schadenersatzanspruch zu. Wie bei Wettbewerbsverstößen wird jedoch auch bei Preisbindungsverstößen der Nachweis eines konkreten Schadens in der Regel schwierig sein. So wird es beispielsweise für einen Buchhändler schwer bis gar nicht nachzuweisen sein, welche konkreten Umsatzeinbußen er durch eine bestimmte gesetzwidrige Werbemaßnahme eines Mitbewerbers erlitten hat.

33 In der Praxis nimmt daher, wie im Übrigen auch in Deutschland[37] oder auch generell im Lauterkeitsrecht, der Schadenersatzanspruch

34 Vgl *Wiltschek/Horak*, UWG[8] E 1, 18 zu § 15.

35 *Kodek/Leupold* in *Wiebe/Kodek*, Kommentar zum UWG[2] § 15 Rz 22.

36 *Wallenfels/Russ*, Preisbindungsgesetz[7] § 9 Rz 13f.

37 *Wallenfels/Russ*, Preisbindungsgesetz[7] § 9 Rz 15ff.

gegenüber dem Unterlassungsanspruch eine untergeordnete Stellung ein, zumal auch im Lauterkeitsrecht das Bedürfnis nach einem raschen Abstellen der gesetzwidrigen Handlung im Vordergrund steht.[38]

D. Anspruch auf Urteilsveröffentlichung

Gemäß § 25 Abs 3 UWG hat das Gericht der bei einer Unterlassungsklage gemäß § 1 UWG obsiegenden Partei, wenn diese ein berechtigtes Interesse hat, auf Antrag die **Urteilsveröffentlichung** auf Kosten der gegnerischen Partei zuzusprechen. Urteilsveröffentlichungen sollen als von einer urteilsmäßigen Entscheidung über den Unterlassungsanspruch abhängiger **Nebenanspruch**[39] eine durch den Wettbewerbsverstoß hervorgerufene unrichtige Meinung richtigstellen und verhindern, dass diese Meinung weiter um sich greift. Sie dienen der Aufklärung des Publikums über bestimmte Gesetzesverstöße, die auch in Zukunft noch nachteilige Folgen besorgen lassen.[40] **34**

Damit bieten sich Urteilsveröffentlichungen insbesondere auch in Bezug auf Verstöße gegen das Ankündigungsverbot von Unterschreitungen des Mindestpreises (§ 7 Abs 2 BPrBG 2023) an. **35**

Ob an der **Aufklärung des Publikums** ein schutzwürdiges Interesse des Klägers besteht, hat das Gericht nach pflichtgemäßem Ermessen unter Berücksichtigung des Einzelfalls zu prüfen. Bei der dabei vorzunehmenden Interessenabwägung sind den Interessen desjenigen, dem das Recht auf Urteilsveröffentlichung zugesprochen wird, und dem Interesse der beteiligten Verkehrskreise an der Aufklärung über den Gesetzesverstoß ausgewogen Rechnung zu tragen.[41] **36**

Die Befugnis zur Veröffentlichung ist in einem solchen **Umfang** zu erteilen, dass diejenigen Personen, die von dem Verstoß Kenntnis erlangt haben, durch die Urteilsveröffentlichung auch über die Wettbewerbswidrigkeit des Handelns (und über den wahren Sachverhalt) aufgeklärt werden.[42] **37**

---

38 Vgl *Kodek/Leupold* in *Wiebe/Kodek*, Kommentar zum UWG² § 16 Rz 1.

39 *Schmid* in *Wiebe/Kodek*, Kommentar zum UWG² § 25 Rz 10.

40 StRsp; vgl *Wiltschek/Horak*, UWG⁸ E 1 ff zu § 25.

41 *Tonninger*, Pop-up-Fenster für Urteilsveröffentlichungen im Internet nur sehr eingeschränkt geeignet, ecolex 2003, 771.

42 OGH 25. 2. 1992, 4 Ob 114/91, *Bausparer-Werbung*, ÖBl 1992, 21.

38 Schon die an zwei Tagen erfolgte Platzierung einer wettbewerbswidrigen Werbung in einer Auslage rechtfertigt eine Aufklärung des Publikums.[43] Art und Umfang der Veröffentlichung müssen in angemessenem Verhältnis zur Wirkung des Wettbewerbsverstoßes stehen.[44]

39 Zur Festlegung des angemessenen Verhältnisses zwischen der Wirkung des Wettbewerbsverstoßes und Art und Umfang der Urteilsveröffentlichung hat sich das **Vergeltungs- oder Talionsprinzip** bewährt.[45] Nach diesem Prinzip ist das Urteil grundsätzlich in jener Form und Aufmachung zu publizieren, in der auch die beanstandete Ankündigung veröffentlicht wurde.[46] So ist beispielsweise bei den in periodischen Druckschriften begangenen Wettbewerbsverstößen die Urteilsveröffentlichung regelmäßig an der gleichen Stelle und in der gleichen Schrift zuzusprechen wie die seinerzeitige gesetzwidrige Ankündigung.[47]

IX. Aktivlegitimation – Wer kann vorgehen?

40 Die Aktivlegitimation bezüglich Unterlassungsansprüchen aufgrund von Verstößen nach § 1 UWG und somit auch gegen die in § 9 BPrBG 2023 erfassten Verstöße ergibt sich aus § 14 Abs 1 UWG. Neben einem von einem Buchpreisbindungsverstoß unmittelbar betroffenen Unternehmer kann gemäß § 14 UWG auch jeder sonstige Unternehmer vorgehen, der **Mitbewerber des Verletzers** ist.

41 Der Begriff „Unternehmer“ ist dabei im weitesten Sinn zu verstehen. Er umfasst jede selbständige betriebliche Tätigkeit, die auf Erwerb gerichtet ist oder wirtschaftlichen Zwecken dient. Für Verstöße gegen Bestimmungen des BPrBG 2023 sind daher in der Regel sowohl Verleger, Importeure als auch Buchhändler selbständig klagebefugt, auch wenn sie vom Verstoß selbst nicht unmittelbar betroffen waren.

---

43 Vgl OGH 4. 12. 1988, 4 Ob 14/88, wbl 1988, 394.

44 Vgl *Wiltschek/Horak*, UWG[8] E 132 zu § 25 sowie OGH 26. 4. 1988, 4 Ob 9/88, *6 aus 45*, ÖBl 1988, 159 = SZ 61/100 = MR 1988, 96.

45 *Tonninger*, Pop-up-Fenster für Urteilsveröffentlichungen im Internet nur sehr eingeschränkt geeignet, ecolex 2003, 771.

46 Vgl OGH 26. 6. 1990, *Goldfassl*, ÖBl 1991, 113.

47 OGH 22. 3. 1983, 4 Ob 313/83, ÖBl 1984, 82.

Neben Mitbewerbern sind auch **Vereinigungen zur Förderung wirtschaftlicher Interessen von Unternehmern** klageberechtigt, soweit sie Interessen vertreten, die durch den Verstoß berührt werden. Für die Klagslegitimation eines Verbandes genügt es, dass entweder unter seinen Mitgliedern überhaupt Mitbewerber des Beklagten sind oder dass der Verband die durch die Handlung berührten Interessen durch außergerichtliche Tätigkeiten fördert.[48] **42**

Dieser Fall der Aktivlegitimation ist in der Praxis von größter Bedeutung, weil sich daraus auch die Klagslegitimation des **Fachverbands der Buch- und Medienwirtschaft** sowie des Hauptverbands des österreichischen Buchhandels ableitet, die in § 5 BPrBG 2023 im Zusammenhang mit der Bekanntmachung von Mindestpreisen ausdrücklich im BPrBG 2023 Erwähnung finden. Damit ist auch eine eigene Erwähnung von „Preisbindungstreuhändern", im Gesetz, wie es im deutschen Recht vorgesehen ist,[49] nach österreichischem Recht nicht notwendig. **43**

Weiters sind Interessensvertretungen und **„Amtsparteien"**, wie die Bundeskammer für Arbeiter und Angestellte, die Wirtschaftskammer Österreich, die Präsidentenkonferenz der Landwirtschaftskammern Österreichs, der Österreichische Gewerkschaftsbund sowie auch die Bundeswettbewerbsbehörde nach § 14 UWG legitimiert, Verstöße nach § 1 UWG klagsweise zu verfolgen, weshalb sie auch gegen die in § 9 BPrBG 2023 angeführten Verletzungen des BPrBG 2023 vorgehen können. **44**

Hingegen sind der Verein für Konsumenteninformation (§ 14 UWG letzter Satz) sowie ausländische Verbraucherschutzverbände (§ 14 Abs 2 UWG) nur eingeschränkt klagslegitimiert, weshalb fraglich ist, ob sie auch gegen Verstöße gegen das BPrBG 2023 vorgehen können. Da die Verstöße nach dem BPrBG 2023, abgesehen vom einmaligen Sanktionsmechanismus durch den Rechtsfolgenverweis, Verstößen nach dem Rechtsbruchtatbestand nicht unähnlich sind, gehe ich nicht davon aus, dass die Verbände in Bezug auf Buchpreisbindungsverstöße eine Aktivlegitimation aus § 14 UWG ableiten können, weil sie auch für Rechtsbruchtatbestände keine Aktivlegiti- **45**

48 Vgl *Wiltschek/Horak*, UWG[8], E 688 zu § 14.
49 Siehe dazu im Detail § 9 „Preisbindungstreuhänder", Rz 10f.

mation besitzen. In der Praxis ist diese Frage jedoch wohl ohnehin irrelevant.

46 Auch einzelnen Verbrauchern wird durch § 14 UWG keine Aktivlegitimation eingeräumt, wobei damit nur eine individuelle abstrakte Klagebefugnis im öffentlichen Interesse (Popularklage) zwingend ausgeschlossen ist, nicht unbedingt die Aktivlegitimation bei konkreter Betroffenheit.[50] Eine solche konkrete Betroffenheit kommt jedoch schon deshalb praktisch nicht in Frage, weil der Schutzbereich der Normen des BPrBG 2023 Verbraucher, wenn überhaupt, nur mittelbar erfasst.

X. Passivlegitimation – Wer hat für den Verstoß einzustehen?

47 Wie beim lauterkeitsrechtlichen Unterlassungsanspruch ist auch beim Unterlassungsanspruch aufgrund des BPrBG 2023 der **Störerbegriff weit auszulegen** und umfasst sowohl den unmittelbaren Täter als auch jeden, der am gesetzwidrigen Verhalten mitwirkt, indem er durch eigenes Verhalten den Verstoß eines anderen – auch eines selbständig handelnden Dritten – fördert oder überhaupt erst ermöglicht (Mittäter, Anstifter und Gehilfen).[51]

48 Als „Störer" passivlegitimiert können sowohl natürliche als auch juristische Personen aufgrund des Verhaltens ihrer Organe sein. Die Gesellschaftsorgane selbst haften nicht nur für die Nichtverhinderung von Buchpreisbindungsverstößen, sondern auch aufgrund der ihnen fahrlässig unbekannten Buchpreisbindungsverstöße von Arbeitnehmern der von ihnen geleiteten Unternehmen.[52] Auch der Inhaber eines Unternehmens kann für einen Buchpreisbindungsverstoß in Anspruch genommen werden, wenn die Handlung im Betrieb seines Unternehmens von einer anderen Person begangen worden ist und ihm diese Handlung bekannt war oder bekannt sein musste.[53]

---

50 *Kodek/Leupold* in *Wiebe/Kodek,* Kommentar zum UWG² § 14 Rz 101.

51 Vgl *Kodek/Leupold* in *Wiebe/Kodek,* Kommentar zum UWG² § 14 Rz 109.

52 Vgl *Kodek/Leupold* in *Wiebe/Kodek,* Kommentar zum UWG² § 14 Rz 112.

53 Vgl § 18 UWG.

In der Praxis werden die Ansprüche aufgrund von Verletzungen der Bestimmungen des BPrBG 2023 in der Regel gegen das Unternehmen des Buchhändlers bzw des Verlegers oder Importeurs gerichtet oder gegen den Einzelunternehmer selbst, wenn er seine Geschäfte nicht über eine Gesellschaft betreibt. 49

XI. Verjährung

Unterlassungsansprüche wegen Verstößen gegen das BPrBG 2023 verjähren gemäß § 20 Abs 1 UWG grundsätzlich 6 Monate nachdem der Anspruchsberechtigte von der Gesetzesverletzung und von der Person des Verpflichteten Kenntnis erlangt hat; jedenfalls jedoch **drei Jahre nach der Gesetzesverletzung.** 50

Wenn jedoch ein **gesetzwidriger Zustand fortbesteht,** so bleibt gemäß § 20 Abs 1 UWG sowohl der Anspruch auf Beseitigung als auch der Anspruch auf Unterlassung der Gesetzesverletzung gewahrt.[54] 51

54 Vgl dazu im Detail *Herzig* in *Wiebe/Kodek*, Kommentar zum UWG² § 20 Rz 1 ff.

Zeitlicher Geltungsbereich

§ 10. Dieses Bundesgesetz tritt mit 1. Jänner 2023 in Kraft. Das Bundesgesetz über die Preisbindung bei Büchern, BGBl. I Nr. 45/2000, in der Fassung des Bundesgesetzes BGBl. I Nr. 79/2014, tritt mit Ablauf des 31. Dezember 2022 außer Kraft.

Stammfassung.

Übersicht

I. Verhältnis zum BPrBG alt

Der zeitliche Geltungsbereich des Buchpreisbindungsgesetzes war bisher in § 8 BPrBG alt geregelt. 1

II. Zum zeitlichen Geltungsbereich des BPrBG 2023 und des BPrBG alt

Das BPrBG 2023 wurde am 18. 11. 2022 im Nationalrat beschlossen. 2
Nach Bestätigung im Bundesrat am 30. 11. 2022 und Veröffentlichung im Bundesgesetzblatt am 6. 12. 2022[1] trat das **BPrBG2023 mit 1. 1. 2023 in Kraft.** Es löste damit das BPrBG alt ab, das in seiner Stammfassung leicht rückwirkend am 30. 6. 2000 in Kraft getreten war.[2]

In der Stammfassung des BPrBG alt war ursprünglich in § 8 Abs 2 3
BPrBG alt vorgesehen, dass das Gesetz mit Ablauf des 30. Juni 2005 außer Kraft tritt. Durch die einstimmige Aufhebung dieser Bestimmung wurde das BPrBG alt **im Jahr 2004 jedoch definitiv gestellt** und galt seitdem auf unbestimmte Zeit.[3]

Die erste inhaltliche Änderung erfuhr das BPrBG alt im Jahr 2009. 4
Durch ein Urteil des Europäischen Gerichtshofs[4] war die Importre-

1 BGBl I 2022/196.

2 BGBl I 2000/45.

3 Vgl BGBl I 2004/113.

4 EuGH 30. 4. 2009, Rs C-531/07, *Fachverband der Buch- und Medienwirtschaft,* MR 2009, 164.

gelung des BPrBG alt anzupassen. Der Nationalrat hat diese Änderung mit Beschluss vom 8. 7. 2009 umgesetzt. Die diesbezüglichen Änderungen traten durch die Ausgabe des Bundesgesetzblatts am 18. 8. 2009 leicht rückwirkend mit 1. 8. 2009 in Kraft.

5 Durch die Novelle 2014 zum BPrBG alt wurde die ursprünglich bestehende Ausnahme des grenzüberschreitenden elektronischen Handels gestrichen und E-Books ausdrücklich in den sachlichen Anwendungsbereich des Gesetzes aufgenommen.[5] Der Nationalrat hat diese Novelle am 23. 10. 2014 beschlossen.[6] Sie trat nach Veröffentlichung im Bundesgesetzblatt am 21. 11. 2014 mit 1. 12. 2014 in Kraft[7] und galt, wie das BPrBG alt insgesamt, bis zum 31. 12. 2022, wonach – wie erwähnt und in § 10 Satz 1 BPrBG 2023 vorgesehen – das BPrBG 2023 in Kraft getreten ist.[8]

5 Vgl Bericht des Kulturausschusses, 316. der Beilagen zu den Stenographischen Protokollen des Nationalrates 25. GP, Allgemeiner Teil.

6 Siehe dazu http://www.parlament.gv.at/PAKT/VHG/XXV/I/I_00316/index.shtml (zuletzt besucht am 23. 2. 2023).

7 BGBl I 2014/79.

8 BGBl I 2022/196.

Vollziehung

§ 11. Mit der Vollziehung dieses Bundesgesetzes ist hinsichtlich des § 9 die Bundesministerin oder der Bundesminister für Justiz, hinsichtlich der übrigen Bestimmungen die Bundesministerin oder der Bundesminister für Kunst, Kultur, öffentlichen Dienst und Sport betraut.

Stammfassung.

Die Vollziehung des Buchpreisbindungsgesetzes war bisher in § 9 **1**
BPrBG alt geregelt. Die Bestimmung wurde an die aktuelle Geschäftsverteilung der Bundesregierung angepasst.

Notifikation

§ 12. Dieses Bundesgesetz wurde einem Informationsverfahren im Sinne der Richtlinie (EU) 2015/1535 über ein Informationsverfahren auf dem Gebiet der technischen Vorschriften und der Vorschriften für die Dienste der Informationsgesellschaft, ABl. Nr. L 241 vom 17. 09. 2015 S. 1, unterzogen (Notifikationsnummer: 2022/0542/A).

Stammfassung.

Übersicht

I. Notifikation

A. Hintergrund

Das schon 1983 eingeführte und mit der Richtlinie (EU) 2015/1535 zum letzten Mal geänderte **Notifizierungsverfahren** ermöglicht der Europäischen Kommission und den Mitgliedstaaten der EU, die technischen Vorschriften, die Mitgliedstaaten für Erzeugnisse (gewerblich hergestellte Erzeugnisse, landwirtschaftliche Erzeugnisse und Fischprodukte) und für Dienste der Informationsgesellschaft einführen wollen, vor deren Erlass zu prüfen. Dadurch soll gewährleistet werden, dass diese Texte mit dem EU-Recht und den Grundsätzen des Binnenmarkts vereinbar sind.[1] **1**

Ab dem Datum der Notifizierung des Entwurfs ermöglicht eine **dreimonatige Stillhaltefrist** – während der der notifizierende Mitgliedstaat die fragliche technische Vorschrift nicht annehmen kann – der Europäischen Kommission und den anderen Mitgliedstaaten, den notifizierten Wortlaut zu prüfen und angemessen zu reagieren. **2**

Stellt sich heraus, dass der notifizierte Entwurf Hemmnisse für den freien Warenverkehr oder für den freien Verkehr von Diensten der **3**

1 Website der Europäischen Kommission, abrufbar unter: https://ec.europa.eu/growth/tools-databases/tris/de/about-the-20151535/the-aim-of-the-20150535-procedure/ (zuletzt besucht am 23. 2. 2023).

Informationsgesellschaft oder für abgeleitete EU-Rechtsvorschriften schaffen kann, dann können die Europäische Kommission und die anderen Mitgliedstaaten eine ausführliche Stellungnahme an den Mitgliedstaat, der den Entwurf notifiziert hat, richten. Die ausführliche Stellungnahme hat eine **Ausdehnung der Stillhaltefrist** auf insgesamt 4–6 Monate zur Folge.

4 Wird ein nationales Gesetz entgegen den Vorschriften nicht notifiziert oder wird nach erfolgter Notifikation die Stillhaltefrist nicht eingehalten, so hat dies die Folge, dass dieses Gesetz nicht anwendbar ist.[2]

5 Gemäß § 6 Notifikationsgesetz ist **auf die erfolgte Notifikation im Gesetz hinzuweisen.** Mit § 12 BPrBG 2023 kommt der Gesetzgeber dieser Hinweispflicht nach.[3]

B. Konkretes Notifikationsverfahren

6 Mit **11. 8. 2022** ist der Referentenentwurf zum **BPrBG 2023** bei **der Europäischen Kommission zur Notifizierung eingegangen** und hat die **Notifizierungsnummer 2022/542/A** erhalten. In der Datenbank für Notifizierungen TRIS der Europäischen Kommission wurde das **Ende der Stillhaltefrist vorläufig mit 14. 11. 2022** ausgewiesen.[4]

7 Das Gesetzesvorhaben wurde im Notifikationsverfahren wie folgt begründet: „*Durch die Erfahrungen im Zuge der Corona-Krise und eine stetig zunehmende Verlagerung des Betriebs von Büchern in den Online- und Versandhandel wurden Defizite in der gesetzlichen Ausgestaltung der Buchpreisbindung, insbesondere bei der Preisfestsetzung als auch -bekanntmachung, sichtbar. Zudem ist mittlerweile durch eine empirische Studie nachgewiesen, dass Personen in Orten mit stationärem Buchhandel sowohl mehr Bücher kaufen und lesen, als das in Orten ohne stationärem Buchhandel der Fall ist. Somit steht*

2 Siehe bspw EuGH 12. 9. 2019, C-299/17, *VG Media Gesellschaft zur Verwertung der Urheber- und Leistungsschutzrechte von Medienunternehmen mbH* gegen *Google LLC.*

3 Vgl auch ErläutRV 1743 BlgNR 27. GP 4.

4 Website der Europäischen Kommission, Datenbank TRIS, Daten zur Notifizierungsnummer 2022/542/A, abrufbar unter: https://ec.europa.eu/growth/tools-databases/tris/de/search/?trisaction=search.detail&year=2022&num=542 (zuletzt besucht am 23. 2. 2023).

auch fest, dass der Schutz von Büchern als Kulturgut untrennbar mit der Sicherstellung einer großen Vielfalt im Buchvertrieb verknüpft ist, was explizit im Gesetz verankert wird, um die Buchpreisbindung als Instrument insgesamt zu stärken und abzusichern. Die umfassenden Änderungen sind nur durch eine Neuerlassung des Buchpreisbindungsgesetzes erreichbar."

Innerhalb der Stillhaltefrist wurden von der Europäischen Kommission oder anderen Mitgliedstaaten **weder Bemerkungen** zum österreichischen Gesetzesvorhaben gemacht **noch wurde eine ausführliche Stellungnahme** abgegeben, was eine Verlängerung der Stillhaltefrist zur Folge gehabt hätte.[5] Entsprechend endete die Stillhaltefrist mit 14. 11. 2022 auch endgültig, weshalb einer Beschlussfassung des Gesetzes im **Nationalrat schon mit 18. 11. 2022** und in der Folge am 30. 11. 2022 im Bundesrat nichts mehr im Wege stand und das BPrBG 2023, wie geplant, am 1. 1. 2023 in Kraft treten konnte und damit das BPrBG alt ablöste. 8

Der **endgültige Wortlaut des BPrBG 2023** wurde der Europäischen Kommission schließlich in Form des am 6. 12. 2022 ausgegebenen Bundesgesetzblatts übermittelt und **ebenfalls in der TRIS-Datenbank veröffentlicht.**[6] Gegenüber dem ursprünglich übermittelten Referentenentwurf wurde lediglich der höchstzulässige Rabatt für öffentliche Bibliotheken und Schulbibliotheken von 20% auf 10% und somit auf die Höchstgrenze des BPrBG alt reduziert. 9

C. Bewertung der österreichischen Notifikation

Für die **Rechtssicherheit** ist bedeutend, dass **das komplette BPrBG 2023 notifiziert** worden ist und entsprechend die Gefahr gebannt ist, dass einzelne Bestimmungen des BPrBG 2023 wegen diesem formalen Kriterium nicht anwendbar sind. 10

5 Website der Europäischen Kommission, Datenbank TRIS, Daten zur Notifizierungsnummer 2022/542/A, abrufbar unter: https://ec.europa.eu/growth/tools-databases/tris/de/search/?trisaction=search.detail&year=2022&num=542 (zuletzt besucht am 23. 2. 2023).

6 Website der Europäischen Kommission, Datenbank TRIS, Daten zur Notifizierungsnummer 2022/542/A, abrufbar unter: https://ec.europa.eu/growth/tools-databases/tris/de/search/?trisaction=search.detail&year=2022&num=542 (zuletzt besucht am 23. 2. 2023).

11 Bemerkenswert ist, dass die **Europäische Kommission** im Zuge des Notifikationsverfahrens **keine ausführliche Stellungnahme** abgegeben hat und entsprechend die Stillhaltefrist nicht verlängert wurde, wie das beispielsweise zum französischen Gesetzesentwurf über den Preis digitaler Bücher im Jahr 2010,[7] der französischen Gesetzesvorlage zur Regulierung der Bedingungen für den Fernverkauf von Büchern im Jahr 2014,[8] dem deutschen Entwurf eines Zweiten Gesetzes zur Änderung des Buchpreisbindungsgesetzes im Jahr 2015[9] oder dem belgischen Vorentwurf eines Dekrets zum Schutz der Buchkultur im Jahr 2016[10] der Fall war.

12 Die Europäische Kommission hat **nicht einmal Bemerkungen** im Zuge des Notifizierungsverfahrens des BPrBG 2023 abgegeben, wie sie dies beispielsweise zuletzt zum französischen Gesetzentwurf zur Stärkung der Buchwirtschaft und zur Stärkung der Gerechtigkeit und des Vertrauens zwischen ihren Akteuren im Jahr 2021[11] gemacht hat, mit dem in Frankreich insbesondere ein Mindestpreis für die Lieferkosten neuer Bücher festgelegt werden kann, an den sich alle Einzelhändler halten müssen.

13 Weder eine ausführliche Stellungnahme noch Bemerkungen hat die Europäische Kommission zuletzt zum **norwegischen Vorschlag** über ein Gesetz über den Verkauf von Büchern (das Buchgesetz) – ebenfalls im Herbst 2022[12] – abgegeben.

14 Ob die Kommission lediglich dem österreichischen und dem norwegischen Gesetz vorbehaltlos positiv gegenübersteht oder ob daraus schon eine allgemeine Haltungsänderung der Europäischen Kommission gegenüber Gesetzen zur Buchpreisbindung in Europa ableitbar ist, bleibt abzuwarten. Jedenfalls ergibt sich auch aus dem Notifikationsverfahren, dass die **Regelungen des BPrBG 2023 im Einklang mit dem Unionsrecht** sind.

7 Notifizierungsnummer 2010/710/F vom 4. 11. 2020.
8 Notifizierungsnummer 2014/33/F vom 17. 1. 2014.
9 Notifizierungsnummer 2015/333/D vom 26. 6. 2015.
10 Notifizierungsnummer 2016/574/B vom 26. 10. 2016.
11 Notifizierungsnummer 2021/351/F vom 17. 6. 2021.
12 Notifizierungsnummer 2022/9012/N vom 1. 9. 2022.

Übergangsbestimmungen

§ 13. Für Waren im Sinne des § 2, die vor dem Zeitpunkt des Inkrafttretens dieses Bundesgesetzes mit einem festen Letztverkaufspreis, der im Sinne des § 4 des Bundesgesetzes über die Preisbindung bei Büchern, BGBl. I Nr. 45/2000, veröffentlicht war, in Verkehr gebracht wurden, gilt dieser Preis als von der Verlegerin oder vom Verleger oder vom Importeur oder der Importeurin festgesetzter Mindestpreis im Sinne dieses Bundesgesetzes, solange diese oder dieser keinen neuen Mindestpreis festsetzt.

Stammfassung.

I. Verhältnis zum BPrBG alt und zum Hintergrund

Die Übergangsbestimmungen waren im BPrBG alt in § 10 geregelt. 1
Im BPrBG alt hat sich der Gesetzgeber dazu entschlossen, für bereits verlegte Bücher übergangsmäßig an jenen Preis anzuknüpfen, der in der letzten Ausgabe des VLB vor Inkrafttreten des Gesetzes veröffentlicht war. Damit wollte der Gesetzgeber die Verleger und Importeure vom Zwang befreien, mit Inkrafttreten des Gesetzes umgehend die Letztverkaufspreise/Mindestpreise für sämtliche verlegten oder importierten Titel übereilt festsetzen zu müssen.[1]

Entsprechend ist auch in der **Übergangsbestimmung des BPrBG** 2
2023 nunmehr vorgesehen, dass Preise, wie sie zum Zeitpunkt des Inkrafttretens des BPrBG 2023 gemäß dem BPrBG alt veröffentlicht waren, so lange als festgesetzte Mindestpreise gelten, solange der Verleger oder Importeur nicht einen neuen Mindestpreis festsetzt.

Die Übergangsbestimmung war in dieser Form deshalb möglich, 3
weil, wie ausgeführt, auch nach dem BPrBG alt (Brutto-)Mindestpreise und nicht, wie eigentlich im BPrBG alt vorgesehen, (Netto-)Letztverkaufspreise veröffentlicht wurden.

---

1 Vgl Bericht des Kulturausschusses, 113. der Beilagen zu den Stenographischen Protokollen des Nationalrates 21. GP; allein im deutschsprachigen Raum gibt es jedes Jahr 60.000 bis 80.000 Neuerscheinungen.

Anhang
Gesetz über die Preisbindung für Bücher

Buchpreisbindungsgesetz (Deutschland)

Gesetz vom 2. September 2002 (BGBl. I S. 3448), das zuletzt durch Artikel 8 des Gesetzes vom 26. November 2020 (BGBl. I S. 2568) geändert worden ist

Zweck des Gesetzes

§ 1. Das Gesetz dient dem Schutz des Kulturgutes Buch. Die Festsetzung verbindlicher Preise beim Verkauf an Letztabnehmer sichert den Erhalt eines breiten Buchangebots. Das Gesetz gewährleistet zugleich, dass dieses Angebot für eine breite Öffentlichkeit zugänglich ist, indem es die Existenz einer großen Zahl von Verkaufsstellen fördert.

Anwendungsbereich

§ 2. (1) Bücher im Sinne dieses Gesetzes sind auch

1. Musiknoten,

2. kartographische Produkte,

3. Produkte, die Bücher, Musiknoten oder kartographische Produkte reproduzieren oder substituieren, wie zum Beispiel zum dauerhaften Zugriff angebotene elektronische Bücher, und bei Würdigung der Gesamtumstände als überwiegend verlags- oder buchhandelstypisch anzusehen sind sowie

4. kombinierte Objekte, bei denen eines der genannten Erzeugnisse die Hauptsache bildet.

(2) Fremdsprachige Bücher fallen nur dann unter dieses Gesetz, wenn sie überwiegend für den Absatz in Deutschland bestimmt sind.

(3) Letztabnehmer im Sinne dieses Gesetzes ist, wer Bücher zu anderen Zwecken als dem Weiterverkauf erwirbt.

Preisbindung

§ 3. Wer gewerbs- oder geschäftsmäßig Bücher an Letztabnehmer in Deutschland verkauft, muss den nach § 5 festgesetzten Preis einhalten. Dies gilt nicht für den Verkauf gebrauchter Bücher.

§ 4. *(weggefallen)*

Preisfestsetzung

§ 5. (1) Wer Bücher für den Verkauf an Letztabnehmer in Deutschland verlegt oder importiert, ist verpflichtet, einen Preis einschließlich Umsatzsteuer (Endpreis) für die Ausgabe eines Buches für den Verkauf an Letztabnehmer in Deutschland festzusetzen und in geeigneter Weise zu veröffentlichen. Entsprechendes gilt für Änderungen des Endpreises.

(2) Wer Bücher importiert, darf zur Festsetzung des Endpreises den vom Verleger des Verlagsstaates für Deutschland empfohlenen Letztabnehmerpreis einschließlich der in Deutschland jeweils geltenden Mehrwertsteuer nicht unterschreiten. Hat der Verleger keinen Preis für Deutschland empfohlen, so darf der Importeur zur Festsetzung des Endpreises den für den Verlagsstaat festgesetzten oder empfohlenen Nettopreis des Verlegers für Endabnehmer zuzüglich der in Deutschland jeweils geltenden Mehrwertsteuer nicht unterschreiten.

(3) Wer als Importeur Bücher in einem Vertragsstaat des Abkommens über den Europäischen Wirtschaftsraum zu einem von den üblichen Einkaufspreisen im Einkaufsstaat abweichenden niedrigeren Einkaufspreis kauft, kann den gemäß Absatz 2 festzulegenden Endpreis in dem Verhältnis herabsetzen, wie es dem Verhältnis des erzielten Handelsvorteils zu den üblichen Einkaufspreisen im Einkaufsstaat entspricht; dabei gelten branchentypische Mengennachlässe und entsprechende Verkaufskonditionen als Bestandteile der üblichen Einkaufspreise.

(4) Verleger oder Importeure können folgende Endpreise festsetzen:

1. Serienpreise,
2. Mengenpreise,

3. Subskriptionspreise,

4. Sonderpreise für Institutionen, die bei der Herausgabe einzelner bestimmter Verlagswerke vertraglich in einer für das Zustandekommen des Werkes ausschlaggebenden Weise mitgewirkt haben,

5. Sonderpreise für Abonnenten einer Zeitschrift beim Bezug eines Buches, das die Redaktion dieser Zeitschrift verfasst oder herausgegeben hat, und

6. Teilzahlungszuschläge.

(5) Die Festsetzung unterschiedlicher Endpreise für einen bestimmten Titel durch einen Verleger oder Importeur oder deren Lizenznehmer ist zulässig, wenn dies sachlich gerechtfertigt ist.

Vertrieb

§ 6. (1) Verlage müssen bei der Festsetzung ihrer Verkaufspreise und sonstigen Verkaufskonditionen gegenüber Händlern den von kleineren Buchhandlungen erbrachten Beitrag zur flächendeckenden Versorgung mit Büchern sowie ihren buchhändlerischen Service angemessen berücksichtigen. Sie dürfen ihre Rabatte nicht allein an dem mit einem Händler erzielten Umsatz ausrichten.

(2) Verlage dürfen branchenfremde Händler nicht zu niedrigeren Preisen oder günstigeren Konditionen beliefern als den Buchhandel.

(3) Verlage dürfen für Zwischenbuchhändler keine höheren Preise oder schlechteren Konditionen festsetzen als für Letztverkäufer, die sie direkt beliefern.

Ausnahmen

§ 7. (1) § 3 gilt nicht beim Verkauf von Büchern

1. an Verleger oder Importeure von Büchern, Buchhändler oder deren Angestellte und feste Mitarbeiter für deren Eigenbedarf,

2. an Autoren selbständiger Publikationen eines Verlages für deren Eigenbedarf,

3. an Lehrer zum Zwecke der Prüfung einer Verwendung im Unterricht,

4. die auf Grund einer Beschädigung oder eines sonstigen Fehlers als Mängelexemplare gekennzeichnet sind,

5. im Rahmen eines auf einen Zeitraum von 30 Tagen begrenzten Räumungsverkaufs anlässlich der endgültigen Schließung einer Buchhandlung, sofern die Bücher aus den gewöhnlichen Beständen des schließenden Unternehmens stammen und den Lieferanten zuvor mit angemessener Frist zur Rücknahme angeboten wurden.

(2) Beim Verkauf von Büchern können wissenschaftlichen Bibliotheken, die jedem auf ihrem Gebiet wissenschaftlich Arbeitenden zugänglich sind, bis zu 5 Prozent, jedermann zugänglichen kommunalen Büchereien, Landesbüchereien und Schülerbüchereien sowie konfessionellen Büchereien und Truppenbüchereien der Bundeswehr und der Bundespolizei bis zu 10 Prozent Nachlass gewährt werden.

(3) Bei Sammelbestellungen von Büchern für den Schulunterricht, die zu Eigentum der öffentlichen Hand, eines Beliehenen oder allgemein bildender Privatschulen, die den Status staatlicher Ersatzschulen besitzen, angeschafft werden, gewähren die Verkäufer folgende Nachlässe:

1.	bei einem Auftrag im Gesamtwert bis zu 25.000 Euro für Titel mit	
	mehr als 10 Stück	8 Prozent Nachlass,
	mehr als 25 Stück	10 Prozent Nachlass,
	mehr als 100 Stück	12 Prozent Nachlass,
	mehr als 500 Stück	13 Prozent Nachlass,
2.	bei einem Auftrag im Gesamtwert von mehr als	
	25.000 Euro	13 Prozent Nachlass,
	38.000 Euro	14 Prozent Nachlass,
	50.000 Euro	15 Prozent Nachlass.

Soweit Schulbücher von den Schulen im Rahmen eigener Budgets angeschafft werden, ist stattdessen ein genereller Nachlass von 12 Prozent für alle Sammelbestellungen zu gewähren.

(4) Der Letztverkäufer verletzt seine Pflicht nach § 3 nicht, wenn er anlässlich des Verkaufs eines Buches

1. Waren von geringem Wert oder Waren, die im Hinblick auf den Wert des gekauften Buches wirtschaftlich nicht ins Gewicht fallen, abgibt,

2. geringwertige Kosten der Letztabnehmer für den Besuch der Verkaufsstelle übernimmt,

3. Versand- oder besondere Beschaffungskosten übernimmt oder

4. andere handelsübliche Nebenleistungen erbringt.

Dauer der Preisbindung

§ 8. (1) Verleger und Importeure sind berechtigt, durch Veröffentlichung in geeigneter Weise die Preisbindung für Buchausgaben aufzuheben, deren erstes Erscheinen länger als 18 Monate zurückliegt.

(2) Bei Büchern, die in einem Abstand von weniger als 18 Monaten wiederkehrend erscheinen oder deren Inhalt mit dem Erreichen eines bestimmten Datums oder Ereignisses erheblich an Wert verliert, ist eine Beendigung der Preisbindung durch den Verleger oder Importeur ohne Beachtung der Frist gemäß Absatz 1 nach Ablauf eines angemessenen Zeitraums seit Erscheinen möglich.

Schadensersatz- und Unterlassungsansprüche

§ 9. (1) Wer den Vorschriften dieses Gesetzes zuwiderhandelt, kann auf Unterlassung in Anspruch genommen werden. Wer vorsätzlich oder fahrlässig handelt, ist zum Ersatz des durch die Zuwiderhandlung entstandenen Schadens verpflichtet.

(2) Der Anspruch auf Unterlassung kann nur geltend gemacht werden

1. von Gewerbetreibenden, die Bücher vertreiben,

2. von rechtsfähigen Verbänden zur Förderung gewerblicher oder selbstständiger beruflicher Interessen, die in der Liste der qualifizierten Wirtschaftsverbände nach § 8b des Gesetzes gegen den unlauteren Wettbewerb eingetragen sind,

3. von einem Rechtsanwalt, der von Verlegern, Importeuren oder Unternehmen, die Verkäufe an Letztabnehmer tätigen, gemeinsam als Treuhänder damit beauftragt worden ist, ihre Preisbindung zu betreuen (Preisbindungstreuhänder),

4. von qualifizierten Einrichtungen, die nachweisen, dass sie in die Liste qualifizierter Einrichtungen nach § 4 des Unterlassungs-

klagengesetzes oder in dem Verzeichnis der Kommission der Europäischen Gemeinschaften nach Artikel 4 der Richtlinie 98/27/ EG des Europäischen Parlaments und des Rates vom 19. Mai 1998 über Unterlassungsklagen zum Schutz der Verbraucherinteressen (ABl. EG Nr. L 166 S. 51) in der jeweils geltenden Fassung eingetragen sind.

Die Einrichtungen nach Satz 1 Nr. 4 können den Anspruch auf Unterlassung nur geltend machen, soweit der Anspruch eine Handlung betrifft, durch die wesentliche Belange der Letztabnehmer berührt werden.

(3) Für das Verfahren gelten bei den Anspruchsberechtigten nach Absatz 2 Nr. 1 bis 3 die Vorschriften des Gesetzes gegen den unlauteren Wettbewerb und bei Einrichtungen nach Absatz 2 Nr. 4 die Vorschriften des Unterlassungsklagegesetzes.

Bucheinsicht

§ 10. (1) Sofern der begründete Verdacht vorliegt, dass ein Unternehmen gegen § 3 verstoßen hat, kann ein Gewerbetreibender, der ebenfalls Bücher vertreibt, verlangen, dass dieses Unternehmen einem von Berufs wegen zur Verschwiegenheit verpflichteten Angehörigen der wirtschafts- oder steuerberatenden Berufe Einblick in seine Bücher und Geschäftsunterlagen gewährt. Der Bericht des Buchprüfers darf sich ausschließlich auf die ihm bekannt gewordenen Verstöße gegen die Vorschriften dieses Gesetzes beziehen.

(2) Liegt eine Zuwiderhandlung vor, kann der Gewerbetreibende von dem zuwiderhandelnden Unternehmen die Erstattung der notwendigen Kosten der Buchprüfung verlangen.

Stichwortverzeichnis

Die **fettgedruckten** Zahlen bezeichnen die Paragrafen, die mageren die Randzahlen.

R

S

Barbara Sternthal
KIRCHE, KUNST
& KOLOSSEUM
Der Rom-Guide (nicht nur)
für Jurist:innen
MANZ
C.H.BECK · STÄMPFLI
Barbara Sternthal
KIRCHE, KUNST & KOLOSSEUM
Der Rom-Guide